사고법 도감

지은이 주식회사 앤드
옮긴이 신상재, 변창범

사고법 도감 문제 해결·아이디어 발상력을 높여주는 사고법 **60**

지은이 오노 요시나오 외 **옮긴이** 신상재, 변창범 **1판1쇄 발행일** 2020년 8월 13일

펴낸이 임성춘 **펴낸곳** 로드북 **편집** 조서희 **디자인** 이호용(표지), 심용희(본문)

주소 서울시 동작구 동작대로 11길 96-5 401호

출판 등록 제 25100-2017-000015호(2011년 3월 22일)

전화 02)874-7883 **팩스** 02)6280-6901

정가 16,000원 **ISBN** 978-89-97924-73-8 93320

책 내용에 대한 의견이나 문의는 출판사 이메일이나 블로그로 연락해 주십시오.

잘못 만들어진 책은 서점에서 교환해 드립니다.

이메일 chief@roadbook.co.kr **블로그** www.roadbook.co.kr

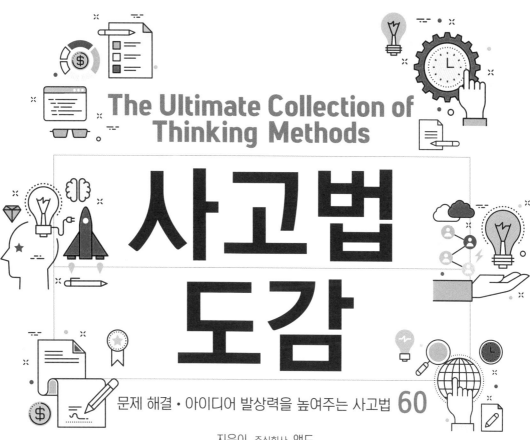

The Ultimate Collection of Thinking Methods

사고법 도감

문제 해결 · 아이디어 발상력을 높여주는 사고법 **60**

지은이 주식회사 앤드
옮긴이 신상재, 변창범

베타 리더의 말

고경만 | 스타트업 CMO

사고법의 기본 메뉴얼로 활용할 수 있는 책이라 생각합니다. 사고법을 '언제', '왜' 써야 하는지 곰곰히 생각해보시기를 권합니다. 더불어 사고법을 적용하지 않아야 할 때, 적용하지 못할 때를 찾아봐도 좋겠죠.

김보나 | 마법소녀 라온

다양한 사고 기술을 알려주기 때문에 기초 논리를 쌓고 싶은 사람이라면 입문용으로 누구나 쉽게 접근할 수 있어서 좋습니다. 머리에 순간 스치는 '아이디어'라는 퍼즐조각을 맞출 때, 이 책은 사고력의 흐름을 유연하게 해 줄 훌륭한 안내서가 될 것입니다.

유동환 | LG 전자

흥미로운 책으로 생각하는 법을 다각도로 배울 수 있어 좋았습니다. 사고법의 기본 개념뿐만 아니라 장이 끝나는 부분마다 등장하는 비즈니스 사례 연습도 추천합니다.

지은이의 말

같은 것을 보고 같은 것을 들어도 사람은 서로 다른 생각을 합니다. 어떻게 해야 할지 몰라 막막한 상황에서도 생각지 못한 방법으로 문제를 해결하거나, 독특한 방법으로 상황을 풀어내는 사람이 있습니다. 함께 있기만 해도 모호한 생각을 구체화하고, 서로 다른 생각도 하나의 의견으로 수렴할 수 있는 사람이 여러분 주위에도 있지 않나요? 도대체 그런 사람들은 사물을 어떻게 보고, 어떻게 파악하고, 어떻게 생각하는 것일까요? '생각의 질을 높임으로써 문제 해결의 질도 함께 높일 수는 없을까?' 그런 질문에서 시작하여 선인이 남긴 60가지 사고법을 소개하고, 생각할 때의 관점을 알려주기 위해 만든 책이 바로 『사고법 도감』입니다.

이 책은 논리적 사고나 비판적 사고와 같은 기본적인 사고법은 물론 아이디어 발상이나 비즈니스 기획, 전략 입안, 학습, 분석에 도움이 되고 업무 현장에서 활용할 수 있는 사고법을 다루고 있습니다. 생각하는 과정은 형태가 없고 눈에도 보이지 않아서 언뜻 어렵게 느껴질 수 있습니다. 하지만 모든 사람은 무의식적이라도 항상 무언가를 생각하고 있습니다. 즉, 사람은 누구나 자기 생각을 펼칠 능력이 있다는 말입니다. 내 사고 방식이 어떤 패턴인지 파악한 다음, 생각을 커스터마이징하여 자신의 강점을 살릴 수 있는 참고서로 책을 활용하면 좋겠습니다.

문제 해결의 정확도를 높이기 위해 글을 썼지만, 생각하는 순수한 즐거움이나 심오함을 함께 나누고 싶다는 생각도 책에 녹아있습니다. 평소보다 한 걸음 더 내디디면 보이는 세계, 그곳에 있는 지적 쾌감을 함께 하겠다는 마음이 집필의 원동력이 되었습니다. 문제에 진지하게 마주하려는 사람, 생각하기를 포기하지 않는 사람, 그런 분에게 도움을 주려고 이 글을 썼습니다. 더불어 '사고하는 것은 생각보다 즐거운 일일지도 모른다', '생각을 좀더 적극적으로 해도 되겠다'는 마음이 들도록, 생각의 계단을 한 발 더 오를 수 있는 계기가 된다면 더 이상의 기쁨은 없을 것 같습니다.

마지막으로 제가 플래닝과 마케팅에 관한 사고 체계를 갖출 수 있도록 도움을 주신 주식회사 키카쿠주크의 다카하시 켄코우 선생님, 즉시 행동하는 것이 중요하다는 사실을 깨닫게 해주신 타카하시 메구미님, 저와 함께 시행착오를 해주시는 고객님, 『비즈니스 프레임워크 도감』에 이어서 편집을 맡아주신 쇼에이샤의 하타님, 역시 이어서 디자인을 해주신 next door design에 감사의 마음을 전합니다.

오노 요시나오 드림

옮긴이의 말

이 책은 『비즈니스 프레임워크 도감』의 속편 격으로 나왔습니다. 비즈니스 프레임워크 도감이 기획, 마케팅, 조직 관리, 업무 개선 등의 다양한 업무 현장에서 생각을 어떻게 정리하고 표현하고 공감대를 만드는지에 초점을 두었다면 『사고법 도감』은 그 기저에 깔린 발상 방법, 접근 방법에 관한 이야기를 담고 있습니다.

우리는 회사나 학교 같은 조직에서는 물론 가정에서도 다른 사람과 어울려 지냅니다. 사람과 만나다 보면 나와 같은 생각을 하는 사람도 있겠지만 그렇지 않은 사람이 더 많아서 가끔은 '왜 그런 생각을 할까?' 의아해하기도 합니다. 심지어 혼자 있을 때도 내 생각이 잘 정리되지 않는다거나 자신을 설득할 수 있는 그럴듯한 논리를 찾기도 합니다.

반면 똑같은 환경에서도 '저 사람은 어떻게 저렇게 참신한 생각을 할 수 있지?', '저 사람은 왜 저런 생각을 하지?', '내가 생각하는 방식과 저 사람이 생각하는 방식에는 어떤 차이가 있지?' 등 그런 생각을 한 번이라도 해본 적이 있다면 이 책을 살펴보세요. 내가 생각했던, 그가 생각했던 방식의 기본 골격을 무술 비법서의 초식을 읽듯 알아볼 수 있게 되고 내가 구사하지 못했던 생각의 품세를 연습하는 데 도움이 될 것입니다.

고등학교 때는 교과서 위주로 공부하고, 대학교 때는 취업에 도움 되는 스펙을 쌓고, 회사에 다닐 때는 업무 지식만 쌓으면 세상만사 잘 돌아갈 것 같지만 기계적으로 사는 삶이 아니라면 내 생각을 펼치고, 남을 설득하고, 함께 행동하게 만드는 것이 더 나은 삶을 사는 데 도움을 줍니다.

홈트레이닝을 하면서 몸을 단련하고, 명상을 하면서 정신을 맑게 하는 것처럼 이 책으로 사고법을 연마하면서 뇌의 잔근육을 단련해보세요. '이럴 땐 이렇게 생각하면 쉽게 풀리는구나', '저 사람을 설득하려면 이렇게 설명하면 되겠구나' 식의 다양한 시도와 경험을 쌓다 보면 막연하게 보이지 않던 길이 보이고, 고민도 빨리 해결될 것입니다. '이럴 땐 어떻게 하지?' 라고 머릿속에 물음표가 떠 있다면 이 책을 읽고 느낌표로 바꿔보세요. 하루에 한 개씩 사고법을 익히다 보면 두 달 후에는 몰라보게 달라진 자신을 발견하게 될 것입니다.

넌 생각이 있는 녀석이냐는 말
한 번쯤은 들어본 모든 이에게 포스가 함께하길
신상재 드림

평소에 무의식적으로 생각하고 행동해 온 삶의 방식들이 이 책에 많이 소개되어 있습니다. 『사고법 도감』은 무의식적으로 생각하고 실천했기에 지나쳐버린 사고법의 기본 개념, 사고 프로세스에 대해 체계적으로 정리할 수 있게 되어 있고, 아이디어 발상에서부터 아이디어를 분석하는 방법과 업무 추진력을 높이기 위한 방법도 담고 있습니다. 이 책은 전편(『비즈니스 프레임워크 도감』)과 같이 '기본 개념 설명 – 사고하는 과정 – 팁(!?)'의 3단계로 구성되어 있습니다. 짧은 시간에 개념 이해부터 실행까지 할 수 있어서 매우 유용합니다. 이런 사고법이 조직 활동에서만 활용되는 것으로 생각할 수 있지만, 개인 업무, 심지어 가정에서도 활용 가능합니다.

개인적인 업무를 돌아보면, 최근 8년 간 프로덕트 매니저 및 애자일코치 역할을 수행하면서 활용했던 시장 및 전략 분석 방법, 디자인씽킹, 린, 애자일 방식들의 많은 부분이 사고법 도감의 내용과 겹칩니다. 그만큼 과거부터 현재까지 검증된 유용하고 핵심적인 사고법들의 모음이기에 감히 '사고법 핵심 백과사전'이라 말하고 싶습니다. 개인적으로는 번역 기간이 프로덕트 매니저 역할 수행 중인 신사업 제품 개발 기간과 겹침으로써 기획 및 설계 업무에 최고의 효율을 보였고, 이로 인해 제품 개발팀뿐만 아니라 자신이 더 성장하게 된 계기가 되었습니다. 개인과 조직의 지속적인 성장을 위하여 사고의 폭과 깊이를 더할 수 있도록 사고법 도감을 적극적으로 활용해 보시기를 권합니다.

마지막으로 번역할 때 전폭적인 지지를 보내주신 로드북 임성춘 대표님, 공동 번역을 제안하여 기회를 주시고, Git을 활용한 번역 협업 프로세스를 잡고 리딩(Leading)해 주신 신상재 선배님, 부족한 한국어 실력을 업그레이드시켜주신 조서희 편집자님, 적극적이고 다양한 각도로 피드백 주신 베타 리더님들께 감사드립니다. 많은 기회를 준 애자일코치 팀원 및 XEED-LAB 해킹존 팀원들께도 감사의 말씀 전하고 싶습니다.

언제나 응원과 적극적인 지지를 해 준 나의 아내 유현경님, 지우 공주님, 현재 왕자님!
항상 고맙고 사랑합니다.

변창범 드림

이 책의 구성

비즈니스의 다양한 상황에서 쓸 수 있는 사고법을 소개합니다. 각 장은 다음과 같이 상황에 따라 나눴습니다. 단 프레임워크는 다양한 방법으로 사용할 수 있으므로 상황에 맞게 골라 쓰거나 유연하게 조합해서 쓰기 바랍니다. 모든 사고법은 샘플과 템플릿이 함께 제공되므로 업무에 바로 활용할 수 있습니다.

1장 사고의 기초 체력을 높인다(10종류)

2장 아이디어의 발상력을 높인다(12종류)

3장 비즈니스 사고력을 높인다(12종류)

4장 프로젝트의 추진력을 높인다(13종류)

5장 분석력을 높인다(13종류)

예제 파일 다운로드

이 책에서 소개하는 모든 사고법은 파워포인트 형식의 템플릿 파일로 제공됩니다. 템플릿 파일을 PC나 태블릿에 띄우거나 종이에 출력해 팀원들과 함께 보면서 협업할 수 있어 편리하게 업무에서 사용 가능합니다. 템플릿 파일을 내려받을 수 있는 URL은 다음과 같습니다.

▶ https://roadbook.co.kr/239

※ 다운로드한 예제 파일의 권리는 로드북 출판사가 소유한다. 허가 없이 배포하거나 웹 사이트에 전재할 수 없다.

페이지 구성

이 책은 **사고법의 예시와 활용법**을 설명한 페이지와 **연습** 페이지로 구성했습니다. 연습 페이지에서는 몇 가지 사고법을 활용하여 생각하는 예를 살펴봅니다. 현장의 생생한 느낌을 위해 연습용 템플릿 파일을 다운로드하여 활용하기를 권합니다.

[사고법 예시와 활용법]

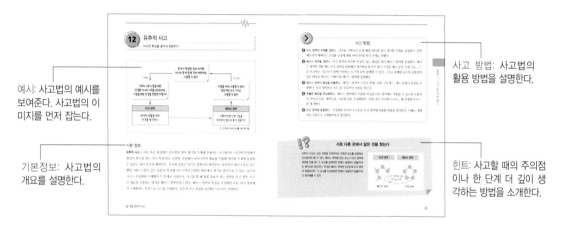

예시: 사고법의 예시를 보여준다. 사고법의 이미지를 먼저 잡는다.

기본정보: 사고법의 개요를 설명한다.

사고 방법: 사고법의 활용 방법을 설명한다.

힌트: 사고할 때의 주의점이나 한 단계 더 깊이 생각하는 방법을 소개한다.

[연습 페이지]

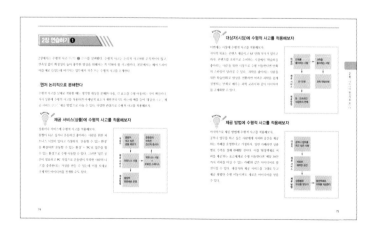

목차

들어가며

사고법을 활용하기 위해 알아둬야 할 것   15

1장

사고의 기초 체력을 키운다   19

2장

아이디어 발상력을 높인다   47

3장 비즈니스 사고력을 높인다 81

4장

프로젝트의 추진력을 높인다 115

5장 분석력을 높인다

사고법을 활용하기 위해 알아둬야 할 것

사고법을 활용하기 위해 알아둬야 할 것

구체적인 사고법을 설명하기에 앞서 사고법을 배울 때 갖추어야 할 자세에 대해 알아보자. 어떤 일을 할 때는 막연하게 시작하기보다 명확한 목적을 가지고 임하면 더 좋은 효과를 낼 수 있다. 이 책을 읽고 무엇을 하고 싶은지, 그러기 위해서는 어떤 관점에서 읽으면 좋을지를 생각하는 시간을 가져보기 바란다.

사고법이란

사고법이란 '문제 해결을 위해 결론을 생각하기까지의 과정과 방법을 체계화한 것'을 말한다. 이 책은 독자의 생각을 풍부하게 만들고 사고의 정확도를 높이기 위해 쓰였다. 그래서 업무에 바로 활용할 수 있도록 사고의 대상과 논점을 찾는 방법, 생각의 흐름과 입장을 정하는 방법 등의 60가지 사고법을 수록하였다. 먼저 주어진 과제나 고민을 글로 써 보고 '어떻게 생각해야 문제를 빠르고 정확하게 해결할 수 있을까'를 염두에 두면서 본문을 읽기를 권한다.

주목해야 할 점

각각의 사고법을 이해하고 받아들이려면 '이 사고법은 **어떤 것**인가? (what)', '이 사고법이 **왜** 필요한가?(why)', '이 사고법은 **어떻게** 쓰는가 (how)'의 세 가지 관점이 필요하다. 이러한 세 가지 관점을 오른쪽 그림과 같은 요소로 분해한 다음, 각 사고법의 설명 안에 녹여 두었다. 이 책을 활용할 때는 막연히 따라하기보다는 항목들을 의식하면서 각각을 이해하고 있는지 확인해보자. 그렇게 사고를 이어가다 보면 더 쉽게 사고법을 익힐 수 있을 것이다.

'왜'와 '어떻게'라는 질문을 반복할 것

문제를 해결하기 위해 무언가를 생각하려면 다양한 질문을 해볼 필요가 있다. 이 책에서도 여러 가지 질문을 사용하는데 그중에서도 가장 기본적인 질문은 '왜'와 '어떻게'라는 질문이다.

왜라는 질문은 목적이나 의미를 확인할 때 사용한다. 가령 명동에 많은 관광객을 유치하고 싶다면 '사람은 왜 관광을 할까?', '왜 꼭 명동에 유치해야 할까?'와 같이 근본적인 질문을 하면 된다.

어떻게라는 질문은 해결책이나 방법론을 확인할 때 사용한다. 예컨대 '어떻게 하면 해외의 관광객에게 명동을 알릴 수 있을까?', '어떻게 하면 명동에서 좋은 추억을 남길 수 있을까?'와 같은 질문을 하면 된다.

문제 해결 방법이나 사업 아이디어를 생각할 때 두 가지 질문을 반복하다 보면 목적부터 구체적인 실천 방법까지 연결 지어 생각할 수 있다. '무엇을 생각해야 하는지', '생각하는 것의 본래 취지는 무엇인지', '생각을 구체화하려면 어떻게 해야 하는지'와 같이 다양한 관점을 넘나들면서 생각의 깊이를 더해보자.

사고와 행동은 '실과 바늘'이다

이 책은 사고법을 설명하고 생각하기를 장려한다. 행동보다 사고가 더 중요하다는 뜻은 아니다. 사고와 행동은 실과 바늘 같은 존재이며 서로를 보완하는 역할을 한다. 사고와 행동은 상반된 것이 아니며 문제 해결력을 높일 때는 사고력과 행동력을 함께 키워야만 한다. 이러한 사실을 기본 전제로 해 사고의 질을 높이기 위한 필수 지식을 소개한다. 이 책으로 지식만 얻는다면 충분히 활용하지 못하는 것이다. 얻어낸 지식을 얼마나 행동으로 연결할 수 있을지를 의식하는 것이 중요하다. 실제 업무 상황을 상상하면서 읽어보기를 추천한다. 회의나 회고, 아이디어 발상, 기획서나 제안서 작성, 리서치 항목을 설정해 머리를 쓰는 상황을 구체적으로 상상하면서 '이럴 때는 이 사고법을 쓰면 어떨까?'라고 생각해보자. 나중에 실제로 그런 상황이 닥치면 주저없이 실행해보자.

사고법 도감의 활용 수준

사고법을 익힐 때 다음의 세 단계를 염두에 두고 읽으면 보다 효과적으로 학습할 수 있다.

> [사고법 도감의 활용 수준]
> **1단계** 자신의 사고 방식을 인지한다
> **2단계** 자신의 사고를 확장한다
> **3단계** 자신의 생각을 이론(지론[1])으로 만든다

1단계 자신의 사고 방식을 인지한다

자신의 사고 방식이나 버릇, 특징을 이해하는 단계다. 사고법이 자신이 생각하는 방식과 비슷한지 혹은, 전혀 생각지 못한 방식으로 풀어내는지를 생각하면서 내 사고 방식은 어떤지 인지해보자. 1단계는 자신의 사고 방식을 이해하지 못하면 무엇을 바꿔야할지 모를 수 있기 때문에 필요하다. 지금까지 인지하지 못한 내 사고 방식을 인지하는 것부터 도전해보자.

2단계 자신의 사고를 확장한다

사고법의 특징을 파악했다면 이번에는 새로운 사고법을 활용해 자신의 사고를 확장할 차례다. 하루아침에 사고 방식이 바뀌지는 않으므로 자신의 사고법을 끈기 있게 발전시켜 나가야 한다. 좋다고 느낀 점을 현장에 적용하면서 실천해 보는 단계다.

3단계 자신의 생각을 지론으로 만든다

마지막은 자신의 생각을 지론으로 만드는 단계다. 자신의 사고법에서 좋은 것을 모아 하나의 지식으로 정리한다는 뜻이다. 『사고법 도감』을 '읽는' 입장에서 '만드는' 입장이 되어 사고법을 통해 선인들이 말하고 싶었던 것을 녹여 넣을 수 있는 단계다. 이 책의 내용을 자신에게 맞게 커스터마이징하겠다는 생각으로 적극적으로 활용해보기 바란다.

---

1 지론은 늘 가지고 있거나 전부터 주장해 온 생각이나 이론을 말한다. – 옮긴이

사고의 기초 체력을 키운다

사고의 기초 체력을 키운다

1장에서는 문제 해결에 앞서 기본적인 사고법을 소개한다. 여기서 다룰 내용은 논리적 사고나 비판적 사고와 같이 상황에 구애받지 않는 사고법으로, 2장부터 소개하는 사고법의 바탕이 되는 내용이다. 우선은 깊이 생각할 수 있는 체력을 키워보자.

논리적으로 생각하는 힘이 모든 사고력의 원동력이 된다

업무를 할 때 논리적 사고는 반드시 필요하다. '논리적으로 생각한다'는 말은 'ㅇㅇ이니까 ㅇㅇ이다'와 같이 '주장과 근거', '원인과 결과', '목적과 수단'을 연결 지어 생각할 수 있다는 말이다. 주관적으로 생각하는 것뿐만 아니라 객관적으로도 사물을 파악할 수 있어야 하고, 생각을 합리적으로 전개할 수 있는 능력도 필요하다. 주관이나 감정을 배제하라는 말은 아니다. 오히려 주관이나 감정을 살리기 위한 토대로 **논리적 사고**가 필요하다. 또한 2장에서는 창조적인 사고를 촉발하는 방법을 다룬다. 비약적으로 발전한 발상을 실현하기 위해서도 논리적 사고는 필요하다. 논리적인 사고력을 높이는 데 있어 '연역적 사고'와 '귀납적 사고', '귀추적 사고'와 같은 추론의 사고법을 특히 주목해서 살펴보기 바란다. 연역과 귀납에 대해서는 프레젠테이션이나 작문에서 배우기도 하므로 이미 익숙한 개념일 수도 있다. 하지만 그 의미를 설명해보라고 하면 제대로 말을 잇지 못하는 사람도 있다. 연역과 귀납의 차이를 제대로 이해하는 과정은 논리적인 사고방식을 익히게 되는 것은 물론, 생각하는 즐거움을 깨닫게 되는 과정이 될 것이다.

생각했다면 일단 머리에서 꺼내 보자

어느 정도 사고를 했다면 혼자만 생각할 것이 아니라 밖으로 꺼내서 **객관적인 평가**를 받는 것이 중요하다. 다른 사람에게 이야기하거나 발표하거나, 블로그에 쓰는 것처럼 다양한 방법으로 드러내 본다. 머릿속으로는 다 이해한 것 같지만 막상 다른 사람에게 전달하려 하면 쉽지 않음을 알 수 있다. 바로 이런 부분이 논리적인 사고가 부족한 부분이다. 다른 사람에게 평가받는 기회를 적극적으로 만들어 자기 생각을 다양한 관점에서 점검받으면서 사고력을 키워나가자.

문제는 이상과 현실의 차이다

1장에서는 논리적 사고와 비판적 사고를 중심으로 핵심적인 내용을 소개하면서 현재의 문제와 과제를 정확하게 파악하는 것을 목표로 한다. 우선 '문제'의 의미를 확인해보자. 이 책에서는 '이상적인 모습과 현재의 모습 간의 차이'를 **문제**라고 정의한다. 예를 들어 '일과 육아를 병행할 수 있는 회사'가 **이상**이지만 매일 잔업을 피하기 어렵다면 '잔업이 발생하는 상황'은 이상과의 **차이(gap)**이며, '문제'에 해당한다. 문제를 발견하고 과제를 설정하는 개략적인 흐름은 다음 그림과 같다.

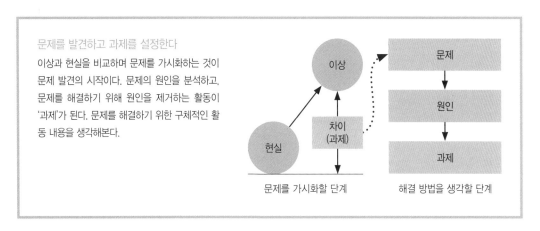

문제를 발견하고 과제를 설정한다
이상과 현실을 비교하며 문제를 가시화하는 것이 문제 발견의 시작이다. 문제의 원인을 분석하고, 문제를 해결하기 위해 원인을 제거하는 활동이 '과제'가 된다. 문제를 해결하기 위한 구체적인 활동 내용을 생각해본다.

매일 잔업을 하는 상황을 '문제'라고 할 때 '업무 효율이 좋지 않다', '업무 담당자 간 협업이 잘 되지 않는다'와 같은 것을 문제의 원인으로 볼 수 있다. 원인을 제거하기 위해 '업무 흐름의 재확인', '작업 현황 공유체계 구축'과 같은 과제를 정하고, 그것을 실천하기 위한 구체적인 활동 내용을 생각하고 실행한다. 해결 방안을 세우기 위한 발상력은 2장에서, 비즈니스 관점에서의 발상력은 3장에서, 조직 내의 문제와 과제는 4장에서, 그리고 사고의 정확도를 높이기 위한 분석력은 5장에서 다룬다. 상황에 맞게 문제를 해결할 수 있는 눈썰미를 키워보기 바란다.

01 논리적 사고

결론과 근거를 연결지어 생각한다

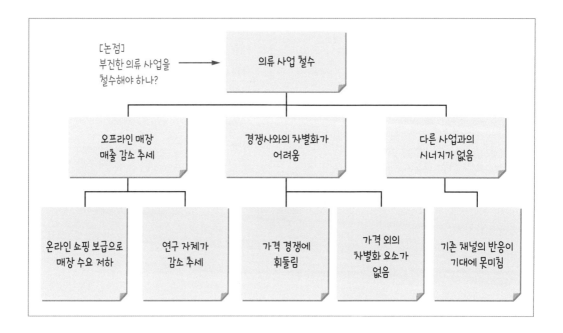

기본 정보

논리적 사고(logical thinking)란 결론과 근거의 관계를 밝혀 객관적이고 합리적으로 생각하는 사고법이다. '○○이므로 ○○이다'와 같이 생각하는 방법이라 보면 된다. 결론과 근거가 제대로 연결되지 않으면 무슨 생각이었는지 맥락을 놓치거나 다른 사람을 설득하기 어려울 수 있다. 그러지 않으려면 논리적으로 생각하는 사고법이 필요하다. 논리적 사고에는 주요 개념이 다양하지만 여기서는 '결론과 근거가 명확하고 둘 간의 관계가 잘 연결되었는가'라는 관점으로 생각하는 방법을 설명한다.

사고 방법

❶ 논점을 정한다　무엇을 생각할지 '논점'을 정한다. 왼쪽 페이지의 예에서는 실적이 저조한 의류 사업을 철수시켜야 하는지가 논점이다.

❷ 정보를 수집한다　❶에서 정한 논점에 대한 결론을 낼 수 있도록 필요한 정보를 수집하고 정리한다. 정보를 수집할 때는 무작정 모으기보다는 논점을 미리 분석해 수집할 정보의 전체 그림을 어느 정도 파악해두어야 한다.

❸ 무엇을 말할 수 있는지 생각한다　❷에서 수집하고 정리한 정보로부터 무엇을 알 수 있는지 생각한다. 정보를 '해석'하는 단계로 각 정보의 의미를 생각하면서도 최종적으로는 ❶의 논점에 대한 결론을 끌어내는 것을 목표로 한다. 정보를 해석하기 위한 기본적인 사고 방법으로는 연역적 사고(사고법 **03** 참고), 귀납적 사고(사고법 **04** 참고), 귀추적 사고(사고법 **05** 참고)가 있다.

❹ 논리를 구조화한다　최종 결론에 이르면 그때까지의 사고 과정을 정리한다. 결론과 근거의 전체 그림을 정리할 때는 결론을 정점으로 피라미드를 그리는 것이 효과적이다. 'Why So(왜냐하면)'와 'So What(그래서)'으로 서로가 연결되어 있는지, 누락되거나 중복된 것은 없는지(사고법 **07** 참고) 확인한다.

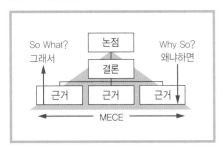

생각이 막히면 머리에서 꺼내 본다

논리를 세우기 어렵다면 머릿속으로만 생각하지 말고 일단 머리 밖으로 꺼내 보자. 내 생각을 다른 사람에게 전달하려면 그들이 이해할 수 있도록 정리할 필요가 있다. 말로 설명하거나 글로 쓰다보면 놓친 부분이 드러나 논리적 사고에 도움이 된다.

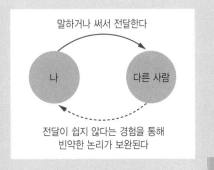

02 비판적 사고

논리를 의심하면서 생각의 정확도를 높인다

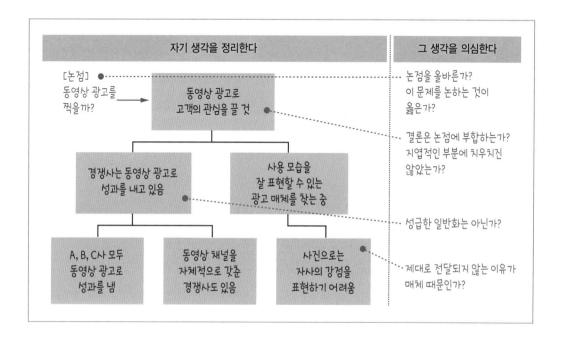

기본 정보

비판적 사고(critical thinking)란 사물을 논리적으로 생각하면서도 건전하게 비판하는 사고법이다. 논리적 사고는 '결론'과 '근거'를 조리 있게 생각하는 것이라 문제를 해결할 때 필요하지만, 전제가 틀렸거나 해석이 잘못되었다면 제 역할을 못 하기도 한다. 애당초 문제 설정부터 어긋났다면 논리적으로 아무리 생각해도 올바른 결론을 내릴 수 없다. 비판적으로 사고하면 이러한 논리적 사고의 약점을 보완할 수 있다. 전제는 올바른지, 결론은 전제와 잘 연결되어 있는지, 객관적이면서도 비판적인 시선으로 생각할 수 있다. 비판은 단순히 부정적인 의미가 아니라 다면적이고 건설적으로 사물을 보기 위한 긍정적인 접근 방법으로 이해해야 한다.

사고 방법

❶ 논리를 전개한다 전제를 논리적으로 생각하고 논리를 펼친다. 논점을 정하고 그에 대한 정보를 모은다. 정보로부터 무엇을 논할 수 있는지 생각하고 논점의 결론을 도출한다.

❷ 논점을 의심한다 ❶에서 세운 논리를 비판한다. 비판한다는 말은 '정말 그런가?'와 같은 시각으로 의심하는 것을 말한다. 처음 정한 논점에 문제가 있다면 아무리 논리를 펼치더라도 소용이 없다. "이 논점은 과연 맞는 것일까?"라고 의심해봄으로써 생각하는 대상 자체가 올바른지 확인해본다.

❸ 결론과 근거의 관계를 의심한다 결론과 근거가 'Why So(왜냐하면)', 'So What(그래서)'으로 올바르게 연결되는지, 논리가 비약하지 않은지를 살펴본다.

❹ 전제를 의심한다 결론과 근거의 사이에 있는 전제를 의심한다. 전제는 때와 상황에 따라 맞을 때도 있고 틀릴 때도 있으므로 현재 조건에서 적절한지 확인해야 한다. 이렇게 자기 생각을 다양한 관점에서 의심함으로써 논리적인 구멍이나 모순을 발견하고, 약점을 보완하는 사고법이 비판적 사고다. 평소에도 끊임없이 의심하고 생각할 수 있는 사고력을 키우는 것이 중요하다.

참고 생각이 편향되지 않게 주의한다

사람은 누구나 자신의 의견을 뒷받침한 정보만 믿으려 하거나, 예상치 못한 상황에도 '아직은 괜찮아'라며 간과하려는 경향이 있다. 이렇게 한쪽으로 치우친 생각을 **편향** 혹은 **바이어스(bias)**라고 한다. 편향으로 인해 왜곡된 생각을 하지 않으려면 자기 자신조차 객관적으로 의심하는 자세가 필요하다.

1인 토론

논리적 사고나 비판적 사고를 단련하고 싶다면 혼자서 1인 토론을 해보자. 어떤 문제에 대한 의견을 제시한 다음, 그에 대한 반론을 펼쳐보자. 이어서 반론에 대한 반론을 거듭하다보면 사물을 보다 객관적이고 다면적으로 보게 되고 논리의 깊이도 더할 수 있다.

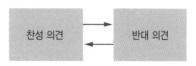

문제(주제)

매출이 오르지 않으면 신상품을 개발해야 한다

찬성 의견 → ← 반대 의견

대립된 의견을 주고 받으면서 사고의 정확도를 높인다

보편적인 대전제를 바탕으로 결론을 도출한다

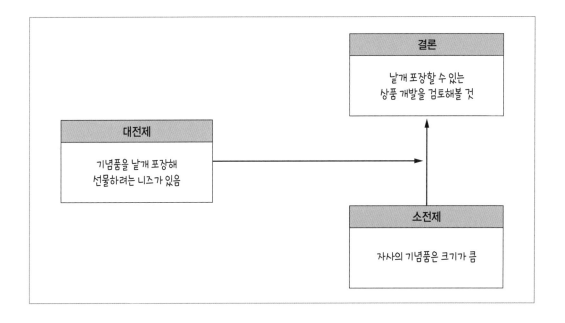

대전제

기념품을 낱개 포장해
선물하려는 니즈가 있음

결론

낱개 포장할 수 있는
상품 개발을 검토해볼 것

소전제

자사의 기념품은 크기가 큼

기본 정보

연역적 사고는 실제로 보고 들은 현상에서 일반화된 규칙이나 이론을 만들고 그것을 대전제로 결론을 끌어내는 사고법이다. 예를 들어 '모든 물체는 낙하한다'라는 일반론이 대전제일 때 '사과는 물체다'라는 소전제가 있다면 '사과는 낙하한다'라는 결론을 얻을 수 있다. 이것이 연역적 사고의 논리 전개 방식이다. 연역적 사고는 추론(다음 페이지 참고)의 하나로 논리적으로 생각할 때 빠질 수 없는 기법이다.

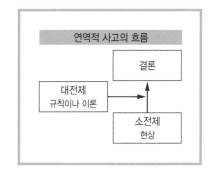

연역적 사고의 흐름

결론

대전제
규칙이나 이론

소전제
현상

사고 방법

참고 추론의 개념

연역적 사고를 이해하기 전에 추론의 개념을 알아보자. 추론이란 이미 알고 있는 정보에서 미처 알지 못했던 결론을 끌어내는 논리적인 사고 과정을 말한다. 추론은 전제와 결론으로 구성되는데 전제는 미리 주어진 정보나 지식이고, 결론은 전제를 바탕으로 한 판단을 의미한다. 이들은 문제를 설정하거나 해결책을 세울 때 활용되며 논리적 사고의 기초가 된다. 추론의 대표적인 방법으로는 연역적 사고와 귀납적 사고(사고법 **04** 참고), 귀추적 사고(사고법 **05** 참고)가 있다.

❶ 대전제를 파악한다　연역적 사고의 대전제가 되는 정보를 고른다. 대전제는 일반적으로 옳다고 여겨지는 이론이나 규칙, 법칙 등을 말한다.

❷ 소전제를 파악한다　구체적인 현상을 관찰해 소전제가 되는 정보를 수집한다. 의도적으로 수집한 정보를 소전제로 쓰기도 하지만, 일상 업무에서 무의식적으로 추적된 데이터가 소전제로 쓰기도 한다.

❸ 결론을 도출한다　대전제와 소전제를 연결해 결론을 도출한다. 연역적 사고는 대전제로부터 필연적인 결론이 도출되므로 논증력이 강한 것이 특징이다. 한편 대전제에 의존하기 때문에 전제 자체가 무너지면 결론도 쓸모가 없어진다. 대전제의 선택 과정에 문제가 없었는지, 대전제가 틀린 것은 아닌지 의식하면서 사용해야 한다.

전체에서 부분으로, 일반론에서 각론으로 논리를 전개한다

연역적 사고를 포함 관계로 표현하면 쉽게 이해할 수 있다. '모두가 옳을 때 그중 일부는 반드시 옳다'는 것이 연역적 사고의 논리 전개 방식이다. 이에 반해 관찰로 얻은 부분적인 정보를 바탕으로 전체적인 정보를 생각하는 것이 다음에 살펴볼 귀납적 사고다.

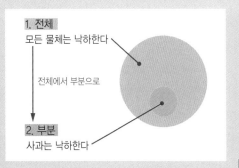

1. 전체
모든 물체는 낙하한다

전체에서 부분으로

2. 부분
사과는 낙하한다

공통점을 발견하고 일반론을 끌어낸다

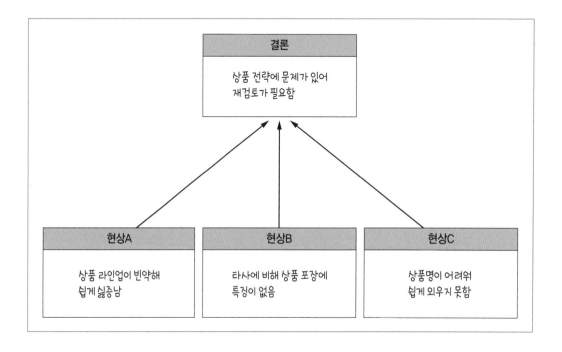

결론

상품 전략에 문제가 있어
재검토가 필요함

현상A	현상B	현상C
상품 라인업이 빈약해 쉽게 싫증남	타사에 비해 상품 포장에 특징이 없음	상품명이 어려워 쉽게 외우지 못함

기본 정보

귀납적 사고는 몇몇 구체적인 현상에서 공통점을 찾고 보편적인 일반론을 결론으로 도출하는 사고법이다. 연역적 사고와는 정반대의 흐름으로 전개되는 특징이 있다. 귀납적 사고를 할 때는 여러 현상 안에서 어떻게 공통점을 찾아야 하는지, 어떻게 결론을 끌어내야 하는지를 상상하는 힘과 지식, 경험이 필요하다. 어렵긴 하지만 그만큼 생각하는 폭도 넓어지는 사고법이라 할 수 있다.

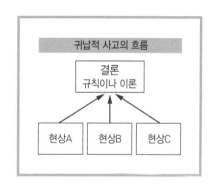

귀납적 사고의 흐름

결론
규칙이나 이론

현상A   현상B   현상C

사고 방법

❶ 현상을 모은다 구체적인 현상을 관찰하고 정보를 수집한다. 귀납적 사고는 통계적인 사고법이므로 기본적으로는 수집하는 샘플이 많을수록 도출되는 결론의 타당성이 높아진다.

❷ 일반화로 결론을 도출한다 수집한 정보에서 공통점을 찾는다. 귀납적 사고에서는 공통점(일반화한 정보)이 결론이 된다. 일반화는 'A와 B, C에 공통점이 있다면, 다른 D나 E도 마찬가지가 아닐까?'와 같이 개별적인 정보에서 전체적인 일반론을 끌어내는 과정이다. 왼쪽 페이지의 예에서는 '라인업이 빈약함', '상품 포장에 특징이 없음', '상품명이 어려움'과 같은 정보를 모은 다음, '상품 전략에 문제가 있어 재검토가 필요함'이라는 문제점을 결론으로 도출하였다. 한편 도출된 결론(일반론)에 위배되는 현상이 발견되면 그 결론은 신뢰할 수 없으므로 다시 논리를 세워야 한다. 성급한 일반화로 잘못된 결론이 나지 않도록 주의하자.

참고 연역과 귀납의 관계

연역과 귀납은 논리적 사고의 기본이며 서로 보완하는 관계다. 연역은 일반론을 구체화하는 역할을, 귀납은 일반론의 타당성을 검증하는 역할을 한다. 앞서 언급한 '상품 전략에 문제가 있다'는 예를 보면 A에서 C까지의 이유 외에도 상품이나 디자인에 관한 문제가 있을지도 모른다고 연역적으로 생각할 수 있다. 여기에 다음 절에 나오는 '가설적(仮説的) 사고'가 더해지면 가설검증의 절차에 따라 논리를 전개할 수 있다.

부분에서 전체로, 각론에서 일반론으로 논리를 전개한다

귀납적 사고도 포함 관계로 표현할 수 있다. 연역적 사고와는 반대로 부분에서 전체를, 각론에서 일반론을 끌어내는 것이 특징이다. 이처럼 귀납은 연역보다 확장성이 높은데 **05** 절에서는 확장성이 더 높은 귀추적 사고를 살펴볼 것이다.

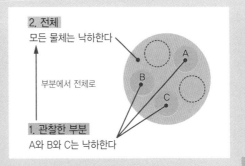

2. 전체
모든 물체는 낙하한다

부분에서 전체로

1. 관찰한 부분
A와 B와 C는 낙하한다

05 귀추적 사고

사실을 바탕으로 가설을 세운다

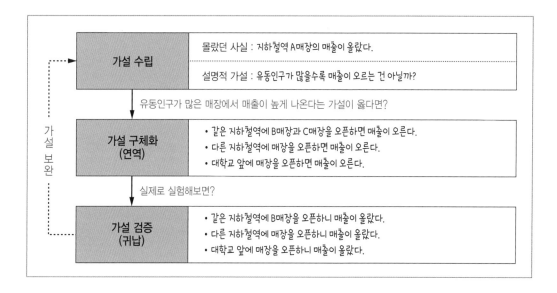

귀추적 사고는 몰랐던 사실이 발생하는 이유를 설명할 수 있도록 가설을 세우는 사고법이다. 다른 말로는 가설추론, 상정논법이라고도 한다. 연역적 사고와 귀납적 사고에 이어 3대 추론으로 손꼽히며, 그중에서도 가장 확장성이 높은 사고법이다.

귀추적 사고의 기본 흐름은 '몰랐던 사실 Z를 발견한다' → '만약 Y(설명적 가설)가 사실이면 Z는 당연하다' → '결국 Y는 사실이다'와 같이 전개된다. 예를 들면 '사과는 나무에서 떨어진다'라는 사실을 두고 '지구와 사과는 서로 끌어당긴다' 혹은 '모든 물체는 서로 끌어 당기는 인력(引力)이 있다'라는 가설을 세우는 것과 같다. 귀추적 사고는 비약적인 사고법으로, 아무도 몰랐던 이론이나 미처 밝혀지지 않은 메커니즘에 다가설 수 있는 '발견의 사고'다.

사고 방법

❶ 몰랐던 사실을 발견한다 귀추적 사고는 먼저 몰랐던 사실을 발견하는 것으로 시작한다. 평소에 '이게 뭐지?'라는 의문이 생긴다면 놓치지 않고 잡아둬야 한다. 흔히 보는 것에서도 '왜 이렇게 될까?'라며 생각하는 습관이 필요하다.

❷ 설명적 가설을 세운다 몰랐던 사실이 일어나는 이유를 논리적으로 설명할 수 있도록 가설을 세운다. 이를 설명적 가설(explanatory hypothesis)이라고 하며 검증 과정을 거쳐 보완된다. 가령 'A 매장의 매출이 올랐다'라는 사실을 알았다면 왜 A 매장의 매출이 올랐는지 설명할 수 있는 이론이나 일반론을 생각한다.

❸ 설명적 가설을 검증한다 연역법과 귀납법을 써서 설명적 가설을 검증한다. 즉 '설명적 가설을 뒷받침 하는 다른 사실을 상정한다(연역)' → '상정한 사실이 맞는지 확인하고 설명적 가설과 맞춰본다(귀납)' 와 같은 흐름으로 가설을 검증한다. 왼쪽 페이지의 예를 보면 실제로 유동인구가 많은 곳에 매장을 열었을 때 매출이 올라가면 설명적 가설이 타당하다고 보고, 그렇지 않다면 가설을 보완한다.

참고 귀납적 사고와 귀추적 사고의 차이

귀추적 사고는 부분적인 사실에서 일반론을 끌어낸다는 점에서 귀납적 사고와 비슷하다. 차이가 있다면 사과가 나무에서 떨어지는 것을 보고 '모든 물체는 낙하한다'와 같이 생각하는 것이 귀납적 사고, '물체와 물체 사이에는 인력이 작용한다'와 같이 눈에 보이지 않는 인과관계까지 생각하면 귀추적 사고다.

세 가지 추론 방법 간의 관계

추론은 분석적 추론과 확장적 추론으로 나눌 수 있다. 분석적 추론이란 전제한 내용을 분석한 후, 부분적인 정보에서 결론을 끌어낸다. 확장적 추론은 부분적인 현상에서 전체적인 일반론을 끌어낸다. 연역법과 귀납법, 귀추법은 각각 오른쪽 그림과 같은 관계이고 가설을 세우는 귀추적 사고와 구체화하는 연역적 사고, 그리고 검증하는 귀납적 사고를 통해 논리를 강화할 수 있다.

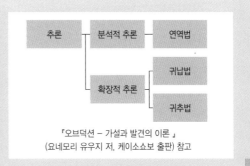

『오브덕션 – 가설과 발견의 이론 』
(요네모리 유우지 저, 케이소쇼보 출판) 참고

06

요소분해

구성요소를 분해하여 생각한다

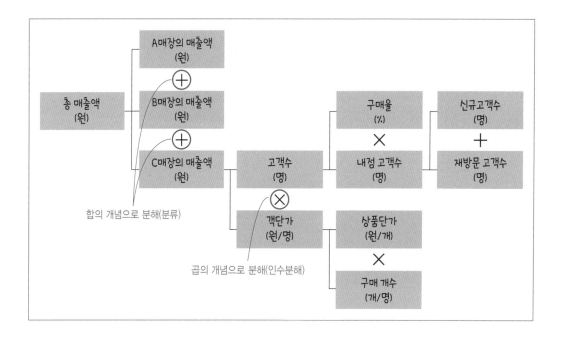

기본 정보

요소분해는 바로 분석하기 어려운 복잡한 대상을 작게 쪼개면서 분석하기 쉽게 만드는 방법이다. 예를 들어 팀장과 팀원의 커뮤니케이션에 문제가 있을 때 요인이 팀장인지 팀원인지, 혹은 커뮤니케이션 방법이 적절치 않은지, 마음가짐에 문제가 있는지, 그것도 아니라면 과도한 업무 부하로 인한 스트레스 탓인지 등 문제의 원인을 작게 쪼개면서 살펴보는 방법이다. 바로 분석하기엔 너무 막연해서 깊게 파고들지 못하는 주제라도 분해해서 생각하면 쉽게 해결할 수 있다. 비즈니스 상황이라면 매출을 분해하면서 문제를 찾고 대책을 세울 수 있다. 여기서는 덧셈 형태인 '분류'와 곱셈 형태인 '인수분해'의 2가지 분해 방법을 소개한다.

사고 방법

❶ 합의 개념으로 분해(분류)한다 분해한 요소를 모두 더하면 원래의 형태가 되는 것을 '합의 개념으로 분류'라고 한다. 왼쪽 페이지의 예에서는 전체 매출을 'A매장의 매출'과 'B매장의 매출', 'C매장의 매출'로 분해했다. A 매장과 B 매장, C 매장은 각각 독립된 매장으로 사업 영역이 겹치지 않는다고 가정한다.

참고 분해 후에도 내용은 보전되어야 한다

합의 개념으로 분해할 때는 분해 전의 내용과 분해 후의 내용에 차이가 없어야 한다. 각 요소를 모두 더했을 때 원래의 의미와 같은지 확인해야 한다. MECE(사고법 **07** 참고)를 고려하면서 분해하자.

❷ 곱의 개념으로 인수분해한다 어떤 대상을 인수로 분해하는 방법이다. 예컨대 '매출'은 '고객수'와 '객단가'로 분해된다. 반대로 분해된 요소인 '고객수'와 '객단가'를 곱하면 원래의 '매출'이 된다. '객단가'는 '상품단가'와 '인당 구매 개수'로 분해할 수 있다.

❸ 문제를 확인하고 해결책을 생각한다 분해된 요소를 분석하고 문제를 확인한 후 해결 방안을 찾는다. 풀어야 할 문제가 막연할 때 적절한 크기로 나눠서 생각하면 해결책을 쉽게 찾을 수 있다. 문제를 어떻게 분해할지 생각하면서 실행 항목을 찾아보자.

제대로 분해했다면 재구성도 제대로 할 수 있다

분해할 때의 요령은 대상을 '제대로 이해'하는 것이다. 제대로 이해했다면 분해할 수 있고, 분해한 것을 다시 조립할 수도 있다. 이 사고법은 어떤 대상을 이해하고 분해한 다음, 필요에 따라 재구성할 힘을 기르는 방법을 지향한다.

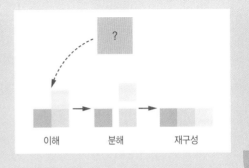

이해   분해   재구성

07

MECE
중복되거나 누락되지 않게 생각한다

월평균 미용에 쓰는 비용 \ 나이	20세 미만	20세 이상~30세 미만	30세 이상~40세 미만	40세 이상~50세 미만	50세 이상~60세 미만	60세 이상
5만원 미만	✓	✓	✓	✓		
5만원 이상 ~ 10만원 미만	✓	✓		✓		✓
10만원 이상 ~ 15만원 미만	✓	✓	✓	✓	✓	✓
15만원 이상 ~ 20만원 미만		✓	✓	✓	✓	✓
20만원 이상 ~ 25만원 미만		✓	✓	✓	✓	✓
25만원 이상~ 30만원 미만		✓	✓	✓	✓	✓
30만원 이상		✓	✓	✓		✓

※ 니즈 분석을 위해 고객을 분류한 예

기본 정보

MECE는 'Mutually Exclusive and Collectively Exhaustive'를 줄인 말로 '중복되거나 누락되지 않게'라는 뜻이다. 문제점을 찾거나 시장조사를 할 때와 같이 정보를 수집, 정리, 분석할 때 유용한 사고법으로 논리적으로 생각할 때 빠질 수 없는 기법이다. 정보를 수집할 때 중복이 있으면, 분류가 모호해지거나 중복된 조사로 비용이 증가하기도 한다. 반대로 누락이 있으면 수집된 정보가 부족할 수 있다.

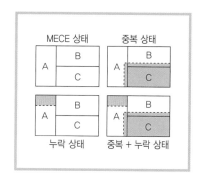

사고 방법

❶ **정보 수집의 목적을 정한다**   정보를 수집하는 구체적인 방법이나 내용을 정하기 전에 먼저 목적부터 정한다. 마케팅 방안을 예로 들면 '자사 서비스의 이용자 유형별로 니즈를 파악할 것'을 목적으로 정할 수 있다.

❷ **수집할 정보의 항목을 정한다**   목적에 맞게 수집할 정보의 항목을 정한다. 항목을 정할 때는 '목적과 관련된 변수는 무엇일까?'라는 질문으로 시작해본다. 예를 들어 '자사 서비스의 이용자 유형별로 니즈를 파악할 것'이 목적이고 서비스가 여성 전용 뷰티숍이라면, '성별'이라는 항목은 필요 없다. 이때는 '나이'나 '월평균 미용에 쓰는 비용'이 조사 항목으로 의미가 있다. 최종 분석할 내용에서 거꾸로 생각하고, 어떤 정보가 모여야 의미 있는 판단을 할 수 있을지를 의식하면서 항목을 정해보자.

❸ **중복이나 누락이 있는지 확인한다**   설정한 항목으로 MECE가 성립하는지 확인한다. 예를 들어 '나이'를 항목으로 정했을 때 고객의 유형이 '20세 미만'과 '70세 이상'이라면 누락된 경우고, '젊은 여성', '여대생', '20대 여성'이라면 유형이 중복된 경우다. 누락이라면 유형을 추가하고, 중복이라면 유형을 합치거나 분할해서 조정해야 한다. 특히 '누락'을 신경써야 한다. 중복은 비용이 증가하나 나중에 조정이 가능하지만, 누락은 한번 발생하면 나중에도 무엇이 빠졌는지 모르고 넘어갈 수 있기 때문이다.

필요한 정보의 수준을 조정한다

MECE는 논리적인 사고에서 빠질 수 없는 개념이지만 지나치게 의존하지 않도록 주의해야 한다. 너무 세부적으로 파고들면 원래의 목적을 잊어버리거나 분석할 시간이 부족해질 수 있기 때문이다. 가설 사고(사고법 ㊽ 참고)를 활용하면서 어느 수준의 정보가 필요한지 생각하면서 MECE를 적용해야 한다.

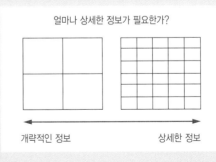

얼마나 상세한 정보가 필요한가?

개략적인 정보 → 상세한 정보

08 # PAC 사고

전제와 가정을 의심하며 생각의 정확도를 높인다

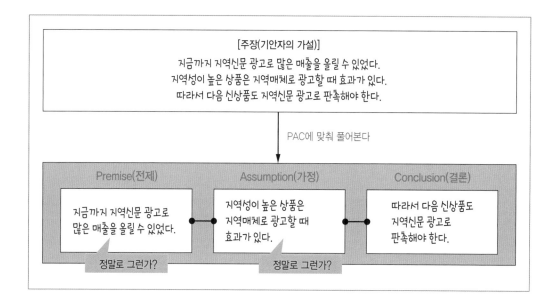

기본 정보

PAC 사고는 Premise(전제), Assumption(가정), Conclusion(결론)의 세 관점으로 결론의 타당성을 검증하는 사고법이다. 생각의 정확도를 높일 수 있으며 비판적인 사고에서 사용 가능한 기법이다. 주장이 논리적이려면 결론과 전제가 올바르게 연결되어야 한다. 결론과 전제 사이에는 가정이 있고, PAC 사고는 그 가정을 의심하는 방법으로 주장의 타당성을 검증한다. 의심이 풀리지 않는다면 가정을 다시 세우거나 결론을 고쳐야 한다.

PAC 사고는 문제의 분석력을 높이는 데 도움이 될 뿐만 아니라 자신의 논리가 맞는지, 상대의 결론에는 어떤 배경이 있는지 생각하게 만들어 건설적인 토론으로 유도하는 효과가 있다.

사고 방법

❶ PAC에 맞춰 주제를 분해한다   PAC 사고로 검증할 주제를 정한다. 왼쪽 페이지의 주장은 신상품 판촉에 관한 가설을 세운 것이다. 설정된 주제(주장)를 전제(P), 가정(A), 결론(C)으로 분해한다.

❷ 가정이 올바른지 확인한다   PAC으로 분해했다면 가정이 올바른지 검증한다. 왼쪽 페이지의 예에서는 '지역성이 높은 상품은 지역 매체로 광고할 때 효과가 있다'가 가정이다. 시대의 변화로 지역신문 구독자가 줄고, 가정이 더 이상 맞지 않는다면 결론을 수정해야 한다.

> **참고** 가정과 가설은 같지 않다
>
> 가정(Assumption)과 가설(Hypothesis)은 비슷해 보이지만 실은 다른 개념이다. PAC 사고로 검증하는 대상이 '가설'이고, 가설을 구성하는 결론과 전제 사이에 있는 것이 '가정'이다. 즉 가정을 의심함으로써 가설 전체가 맞는지를 검증한다.

❸ 전제가 올바른지 확인한다   종종 전제 자체가 잘못되는 경우가 있다. 완전히 다르다고 할 순 없지만, 사람에 따라 해석이 달라지거나 과장될 수 있다면 판단 근거로는 적절치 않다. 왼쪽 페이지에서는 '지금까지 지역신문 광고로 높은 매출을 올릴 수 있었다'라고 되어 있지만 실제로 인과관계가 있는지 객관적으로 살펴볼 필요가 있다. 만약 이 주장을 하는 사람이 당시의 광고 담당자라면 자신의 성과를 부풀리기 위해 과장한 것일 수 있다.

전제는 바뀔 수 있다

시대가 빨리 변하면서 전에는 맞던 전제가 지금은 맞지 않을 때가 있다. 좀처럼 답이 나오지 않을 때는 과거의 경험에서 나온 가정이나 전제가 맞는지 확인해보자. 생각지도 못한 곳에서 돌파구를 찾을지도 모른다.

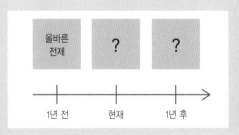

메타인지

대상을 한 단계 높게 바라보며 사고의 질을 높인다

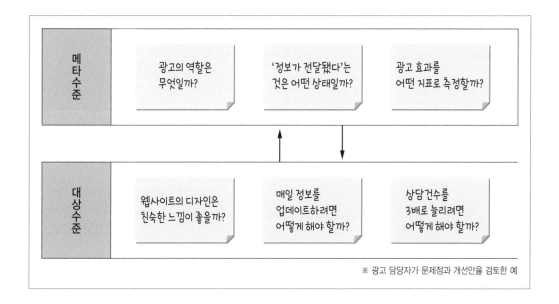

| 메타수준 | 광고의 역할은 무엇일까? | '정보가 전달됐다'는 것은 어떤 상태일까? | 광고 효과를 어떤 지표로 측정할까? |
| 대상수준 | 웹사이트의 디자인은 친숙한 느낌이 좋을까? | 매일 정보를 업데이트하려면 어떻게 해야 할까? | 상담건수를 3배로 늘리려면 어떻게 해야 할까? |

※ 광고 담당자가 문제점과 개선안을 검토한 예

기본 정보

메타인지(metacognition)는 '사고에 대한 사고'를 말한다. 어떤 생각을 하는 자기 자신을 객관적이고 철저하게 바라보면서 '무엇을 생각해야 하는지 생각'하고, '어떻게 생각해야 하는지 생각'하는 사고법이다. 의사결정을 하거나 행동하는 것처럼 구체적인 대상을 생각하는 것이 대상수준의 사고고, 대상수준의 사고를 또 다시 사고의 대상으로 하는 것이 메타수준의 사고다. 메타수준의 사고를 하면 논점이나 비판의 기준이 명확해져서 최종적인 사고 결과의 질을 높이는 효과가 있다.

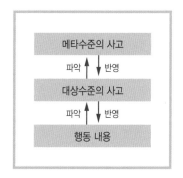

사고 방법

❶ 대상수준의 사고를 가시화한다 직면한 문제나 맡은 과제에 관해 구체적으로 생각한 내용을 글로 써서 가시화한다. 왼쪽 페이지의 예는 광고 담당자가 현재의 문제점과 개선 방안을 생각한 것이다.

❷ 메타수준으로 생각한다 생각하는 대상을 한 단계 높은 수준(차원)으로 생각한다. '무엇을 생각할지', '어떻게 생각할지'를 생각하고 떠오르는 생각을 글로 쓴다. 생각하는 주제에 따라 다르겠지만 대상수준의 사고와 메타수준의 사고에서는 다음과 같은 요소를 염두에 둬야 한다.

예 각 수준에서 생각할 요소
－. 메타수준: 상위 개념, 생각해야 할 개념, 생각해야 할 방법, 평가 기준, 의미 등
－. 대상수준: 하위 개념, 구체적인 행동, 계획, 목표 설정, 사실 등

❸ 대상수준의 사고에 반영한다 메타수준으로 생각한 결과를 대상수준의 사고에 반영한다. ❶에서 생각하지 못한 점을 찾아내거나 명확한 기준에 따라 고쳐야 할 것을 구체적으로 생각한다.

❹ 메타수준과 대상수준을 오간다 대상수준의 사고와 메타수준의 사고 사이를 오가면서 최종 결과(구체적인 행동)의 질을 높인다.

기존의 틀에 벗어나서 생각한다

한 단계 위에서 자신을 객관적으로 바라보려면 '안에서 보는 관점'뿐 아니라 '밖에서 보는 관점'을 가져야 하고, '구체적인 관점'뿐만 아니라 '추상적인 관점'도 겸비해야 한다. 어떤 대상을 생각할 때는 안에서 볼 때와 바깥에서 볼 때, 구체적인 면과 추상적인 면을 의식하면서 접근해보자.

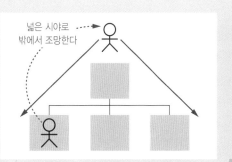

넓은 시야로 밖에서 조망한다

10 디베이트 사고

찬반양론을 생각하며 논리의 이해력을 높인다

논제 : 영업팀에 원격근무제를 도입해야 한다			
찬성의견①	**반대의견①**	**찬성의견②**	**반대의견②**
• 사무실에 출근해야 하는 계약을 없애면 담당 구역을 넓힐 수 있다.	• 지역별 거점을 늘리면 된다. • 영업의 업무 특성상 정보 공유나 긴급 대응이 필요해 팀원 간의 긴밀한 커뮤니케이션이 필요하다. 원격근무로 팀원 간의 관계가 소원해질 수 있다	• 거점을 늘리려면 많은 비용이 필요하다. 원격근무는 상대적으로 적은 비용이 든다. • 영업 지원 협업툴로 정보 문제를 해결할 수 있다. • 온라인 회의로 커뮤니케이션 문제를 해결할 수 있다.	• 5개 거점을 운영하면서 노하우가 축적됐다. 새로운 체계를 도입하는 것보다 전체적인 비용이 적을 수 있다. • 업무 보고나 영업 상담은 협업툴로 가능하지만 가벼운 정보나 말로 표현하기 힘든 맥락을 전하기가 어렵다.

기본 정보

디베이트(debate)[1]는 논제에 대해 찬성과 반대로 논쟁하고 의사결정권자를 설득하면서 최선의 답을 찾는 토론 방식이다. 찬반양론이 나오기 때문에 주제를 논리적으로 생각할 때 효과적이다. 문제해결의 대상을 논리적으로 분석하고, 다양한 관점에서 의견을 충돌시키면서 더 나은 결론을 찾는 것이 디베이트의 사고법이다. 디베이트할 때는 보통 2명 이상이 참여하지만 여기서는 혼자 하는 디베이트 방법을 소개한다.

---

1 사전적 의미로는 '토론'이지만 광범위한 의미의 '토론'과 구분하기 위해 '디베이트'라고 쓴다. – 옮긴이

사고 방법

❶ 논제를 설정한다 검토 중인 사항을 논제로 설정한다. 논제의 내용은 구체적인 활동으로 이어지는지, 찬성과 반대로 양분될 수 있는지를 의식하며 정한다. 논제는 '○○해야 한다'의 형식으로 쓰는 것이 좋다. 왼쪽 페이지의 예에서는 '영업부에 원격근무제를 도입해야 한다'가 논제인데, '미래의 업무 스타일은 어떤 모습일까?'라면 너무 광범위한 논의가 된다. 찬반이 불분명한 논제는 결론을 중시하는 디베이트 사고에 적합하지 않다.

❷ 찬성의견을 낸다 찬성하는 입장에서 생각나는 대로 의견을 쓴다. 제한시간(5분 정도) 안에 모두 쓸 수 있게 정리한다.

❸ 반대의견을 낸다 다음은 반대 입장에서 의견을 쓴다. 찬성의견에 대해 '○○하면 안 된다'고 생각하는 이유나 단점을 쓴다.

❹ 찬성과 반대를 반복한다 다시 찬성 입장에서 반대의견에 대해 반론한다. 이후 찬성과 반대를 반복하면 된다. 입장별로 의견이 충분히 나왔는지, 시작할 때는 보이지 않았던 쟁점이 잘 드러났는지 확인한다.

❺ 결론을 낸다 찬성과 반대의견이 충분히 나왔다면 중립 입장에서 전체적인 논의 결과를 살펴본다. 중요한 쟁점과 설득력 있던 의견, 그리고 의견충돌 과정에서 깨달은 내용이 무엇인지 각각 정리하면서 최종 결정을 내린다.

장단점을 정리한다

디베이트 사고를 할 때는 장단점 모두를 객관적으로 조망하는 능력이 필요하다. 일상생활에서 선택이나 판단할 일이 있다면 장단점을 종이에 써보면서 어느 한쪽에 치우치지 않도록 연습해보자.

장점		단점	
장점1	장점2	단점1	단점2
장점3	장점4	단점3	

1장에서는 논리적 사고와 비판적 사고를 중심으로 문제를 발견하고, 과제를 설정할 때 사용할 수 있는 사고법을 다루었다. 논리적 사고를 할 때 빠질 수 없는 요소분해(사고법 06 참고)를 연습해보자. 인터넷에서 템플릿 양식을 다운로드할 수 있으니 자신이 맡은 업무도 분해해보자.

Exercise '이익'을 요소분해 해보자

연습 삼아 '이익'을 분해해보자. 분해 방법이나 요소 크기는 목적에 따라 다를 수 있다. 정해진 답은 없으니 아래 그림을 참고하면서 자기 나름의 방법으로 연습해보자.

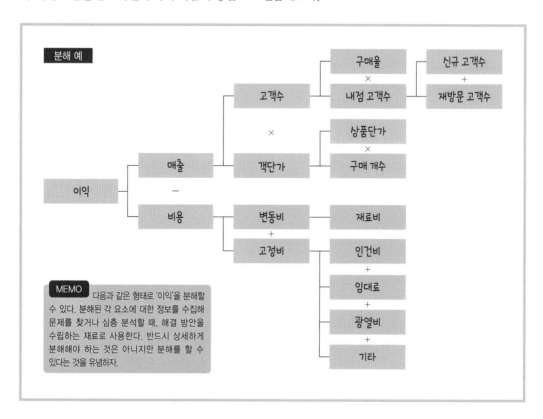

분해 예

MEMO 다음과 같은 형태로 '이익'을 분해할 수 있다. 분해된 각 요소에 대한 정보를 수집해 문제를 찾거나 심층 분석할 때, 해결 방안을 수립하는 재료로 사용한다. 반드시 상세하게 분해해야 하는 것은 아니지만 분해를 할 수 있다는 것을 유념하자.

'이익' 외의 다양한 개념을 분해해보자

왼쪽 페이지의 예에서는 '이익'을 분해했는데 그 밖에도 다양한 개념을 분해할 수 있다. 업무 중에 자주 보는 지표나 수치를 분해하면 어떤 요소가 나오는지 연습해보자.

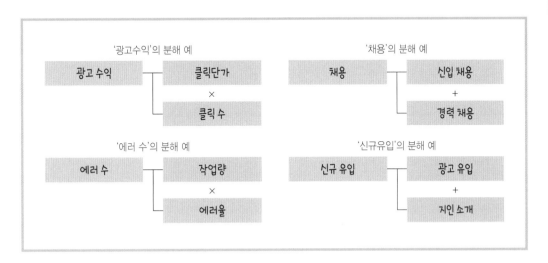

업무 프로세스를 분해해보자

업무 프로세스도 분해할 수 있다. 아래 그림은 신규 서비스의 설명회에 초대하는 DM 발송부터 설명회에서의 계약에 이르기까지의 프로세스 중, 계약자 수를 분해한 예다(실제로는 DM 외의 방법으로도 고객이 유입되므로 더 복잡할 수 있다).

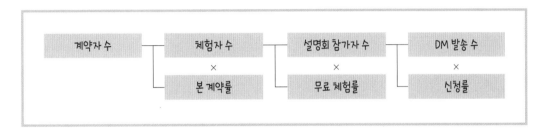

1장에서는 생각하는 기초체력을 기르기 위해 논리적 사고와 비판적 사고를 소개했다. 가장 기본적인 사고법이므로 제대로 익혀둘 필요가 있는데 좋은 훈련 방법으로는 앞에서 봤던 '1인 토론'이 있다.

검토 중인 내용을 디베이트 사고로 의심한다

디베이트 사고(사고법 ❿ 참고)는 특정 주제에 대해 찬성과 반대의 두 의견을 충돌 시켜 최선의 결론을 끌어내는 사고법이다. 앞서 1인 토론 과정을 되짚어 볼 때 생각해야 할 점은 다음과 같다.

❶ 논제를 설정한다

❷ 찬성의견을 낸다

❸ 반대의견을 낸다

❹ 찬성과 반대를 반복한다

❺ 결론을 낸다

'외주로 운영하던 직원 연수 프로그램을 자체 운영하자'라는 의견을 논제로 설정하고 생각을 펼쳐보자. A4 용지나 수첩을 가로로 놓고 세로줄만 그으면 언제든 해볼 수 있다. 지금 자신이 맡은 과제나 발표해야 하는 내용 등을 논제로 설정해 찬반 양쪽의 입장에서 생각하고 내용을 보완해보자.

나열하기보다 충돌시킨다

어떤 일을 할 때 장단점을 목록으로 뽑아본 경험이 있을 것이다. 디베이트할 때도 항목을 정확하게 파악하는 과정이 필요하다. 디베이트 사고의 본질적인 매력은 장단점을 나열하고 가시화하는 것이 아니라, 의견을 서로 충돌시키면서 심도 있는 사고력이 길러지고 미처 몰랐던 사실을 발견할 수도 있으며 상대의 관점에서 생각해볼 수 있다는 점이다.

1인 토론을 해보자

다음은 '외주로 운영하던 직원 연수 프로그램을 자체 운영하자'라는 논제로 1인 토론을 한 예다. 논제에 대한 찬반 의견을 반복해서 내면서 사고의 깊이를 더해보자.

외주로 운영하던 직원 연수 프로그램을 자체 운영하자			
찬성의견①	**반대의견①**	**찬성의견②**	**반대의견②**
• 교육할 내용이 너무 다양하여 외부 강사가 전체를 가르치기 어렵다. • 자체 운영을 해야 하는 상황에 맞는 맞춤형 교육을 할 수 있다.	• 교육 내용을 주제별로 작게 쪼개, 관련 교육 기관에 각각 의뢰하면 된다. • 상황에 맞는 교육을 하지 못한 것은 교육 계획이 부재했기 때문이므로 연간교육계획을 세워 체계적으로 운영하면 된다. • 교육이나 학습에 관한 이론과 방법론은 전문영역이므로 사내에서 자체 운영하긴 어렵다. 외부 전문기관에 맡겨야 한다.	• 교육 내용은 현장 경험이 필요한 것이어서 외부인이 가르칠 수 없다. • 반박하기 어렵다. 교육계획을 체계적으로 보완해야 한다. • 인재개발 부서에 교육 방법론의 전문 조직을 만들면 된다.	• 다양한 교육 내용을 각각을 전체 연수 프로그램으로 교육하는 것이 맞지 않는다. 각 교육을 OJT 형식으로 기본 교육을 하되 외주로 운영하자. • 비전문가를 모아 전문조직을 만든다고 해서 제역할을 할 수 있는 것은 아니다. 역시 전문교육기관에 외주를 맡기는 것이 맞다.

1장에서는 논리적 사고와 비판적 사고를 중심으로 기본적인 사고법을 살펴봤다. 어떤 대상을 생각할 때는 다면적으로 볼 수 있어야 하는데, 이때 '전체'와 '부분'이라는 관점이 필요하다.

전체 맥락을 파악해야 한다

'나무를 보지 않고 숲을 본다'라는 말은 국지적인 부분에만 집중하다가 전체적인 맥락을 놓치는 것을 주의할 때 쓰는 말이다. 이 말은 문제를 해결할 때도 유효한데, 사고의 질을 높이려면 문제의 전체 그림을 볼 수 있는 거시적인 안목이 필요하다. 무엇을, 어떤 이유로 생각하는지 '목적'과 '현재 상태'를 잊을 수 있기 때문이다. 물론 부분을 무시하라는 말은 아니다. 구체적인 행동을 해야 할 때나 방안을 수립할 때, 니즈를 파악할 때는 부분을 정교하게 볼 수 있는 미시적인 안목이 필요하다. 즉 문제를 해결할 때는 전체와 부분을 오가면서 균형 있게 파악해야만 한다.

줌인(전체에서 부분으로)과 줌아웃(부분에서 전체로)을 반복한다

전체와 부분을 제대로 파악할 때 필요한 것이 '줌인(zoom in)', '줌아웃(zoom out)'이다. 줌인은 보는 범위를 좁히되 자세하게 살펴보는 방법이고, 줌아웃은 보는 범위를 넓히되 개략적으로 보는 방법이다. 당장 눈앞에 떨어진 일을 하다 보면 아무래도 줌인을 하게 돼 부분적인 정보라도 전체적인 경향이라고 착각할 수 있다. 너무 국지적으로 파고드는 느낌이라면 한발 물러서서 줌아웃하고, 구체적인 정보가 부

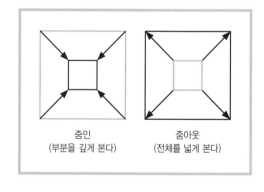

줌인
(부분을 깊게 본다)

줌아웃
(전체를 넓게 본다)

족하다 싶으면 한발 들어서서 줌인하자. 숲과 나무를 균형 있게 보면서 생각을 펼치는 것이 이상적인 사고법이다.

아이디어 발상력을 높인다

아이디어 발상력을 높인다

2장에서는 신상품의 마케팅 전략이나 업무의 개선방안을 세울 때와 같이 아이디어를 발상할 때 사용할 수 있는 사고법을 알아본다. 사고법을 배우기에 앞서 아이디어를 발상한다는 것이 무엇인지 생각해보자.

아이디어란 어떤 문제를 해결하는 것

아이디어는 어떤 문제를 해결하기 위한 생각이다. 단지 스쳐 지나가는 생각이 아닌 유효한 아이디어를 내려면 해결하려는 문제가 무엇인지 잘 이해하고 있어야 한다. 2장의 내용을 실천하기 위해 아이디어를 내는 목적이 무엇인지 명확하게 짚고 넘어가자.

새로운 아이디어는 여러 요소가 조합되어 만들어진다

새로운 아이디어는 무(無)의 상태에서 만들어지기보다, 보통 기존의 요소가 새롭게 조합되면서 만들어진다. 예컨대 '책'을 '전자 단말기'와 조합하면 '전자책 단말기'가 된다. 비슷하게 '책'과 '카페'를 조합하면 '북카페'라는 아이디어로 발전한다. 즉 기존 요소를 이해하지 못하면 새로운 아이디어도 내기 어렵다. 요소를 이해할 때는 '사고 대상에 관한 정보'를 보는 관점과 '다른 분야의 정보'를 보는 두 가지 관점이 필요하다. '책'에 대해 생각한다면 '책'이 갖는 특징이나 문화에 관한 정보와 함께 책과 다른 분야(전자 단말기나 카페)의 정보도 필요하다. 그래서 특정 분야에 얽매이지 않고 폭넓게 정보를 얻는 것이 중요하다. **다양한 조합**을 풍부하게 만들 수 있도록 발상의 소재를 늘려보자.

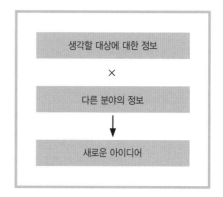

발산하는 사고와 수렴하는 사고

아이디어를 생각할 때 발산하는 사고법과 수렴하는 사고법이 있다.

발산은 특정 정보를 바탕으로 사고를 넓히는 것이다. 기본적인 정보나 아이디어를 바탕으로 '이런 것도 생각해 볼 수 있잖아'와 같이 다양한 관점으로 아이디어를 펼치는 과정을 말한다. 발산 단계는 아이디어의 질보다 양이 중요하다. 처음부터 아이디어의 질을 의식하면 충분히 발산하지 못해 좋은 아이디어가 나오기 어렵다.

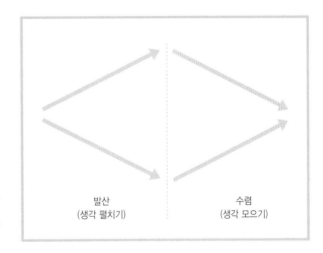

발산
(생각 펼치기)

수렴
(생각 모으기)

수렴은 여러 정보를 특정 아이디어로 통합하거나 정제하는 것으로, 발산하면서 만들어진 다양한 아이디어를 정리하고 구체화하는 과정이라 할 수 있다.

발산과 수렴은 하나의 세트로 쓰는 것이 중요하다. 발산 후 수렴하고, 다시 발산 후 수렴하면서 아이디어의 질을 높일 수 있다.

다른 사람의 지식이나 경험을 적극적으로 활용한다

새로운 아이디어를 얻기 위해 조합과 발산, 수렴을 거치고 사고의 깊이를 더하려면 자기 생각뿐만 아니라 다양한 사람의 지식과 경험, 사고방식을 적극적으로 빌려야만 한다. 한 사람의 경험과 생각의 범위에는 한계가 있어서 기존의 틀을 넘어서려면 다른 경험을 가진 사람의 관점이 필요하다. 이 책은 스스로 생각하는 사고력을 단련하기 위한 것이지만, 다른 사람의 생각도 적극적으로 수용하는 자세로 2장의 사고법을 활용하기 바란다.

11 브레인스토밍

자유롭게 발상하여 생각의 폭을 넓힌다

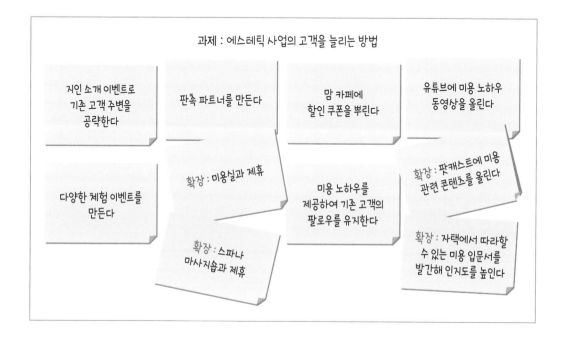

과제 : 에스테틱 사업의 고객을 늘리는 방법

지인 소개 이벤트로 기존 고객 주변을 공략한다

판촉 파트너를 만든다

맘 카페에 할인 쿠폰을 뿌린다

유튜브에 미용 노하우 동영상을 올린다

다양한 체험 이벤트를 만든다

확장 : 미용실과 제휴

미용 노하우를 제공하여 기존 고객의 팔로우를 유지한다

확장 : 팟캐스트에 미용 관련 콘텐츠를 올린다

확장 : 스파나 마사지숍과 제휴

확장 : 자택에서 따라할 수 있는 미용 입문서를 발간해 인지도를 높인다

기본정보

브레인스토밍(brainstorming)은 알렉스 페이크니 오스본(Alex Faickney Osborn)이 만든 아이디어 발상을 위한 사고법이다. 회의나 워크숍에서 집단으로 아이디어를 모을 때 빠지지 않는 기법이다. 브레인스토밍을 할 때는 아이디어의 발산과 수렴을 의식적으로 구분하는데, 평가는 나중에 하고 우선은 발산에 전념해야 한다는 것이 핵심이다. 아이디어를 낼 때 평가부터 하면 생각의 폭이 넓어지기 전에 수렴될 수 있어 생각의 유연성이 저해되기 때문이다. 편안한 환경이 마련된 후 '비판 금지', '자유롭게 발상', '질보다 양', '아이디어 결합'이라는 4가지 규칙으로 아이디어를 발상한다.

사고 방법

❶ 주제를 정한다　무엇에 대한 아이디어를 낼지 주제를 정한다.

❷ 참가자를 모은다　함께 아이디어를 낼 참가자를 모은다. 주제와 관련된 경험이 있거나, 열의가 있는 사람, 해결책을 내는 데 필요한 지식을 가진 사람 등의 다양한 참가자를 소집한다.

❸ 그라운드 룰을 공유한다　참가자가 함께 지킬 규칙을 공유한다.

비판 금지	평가는 미루고 모든 아이디어를 수용한다.
자유롭게 발상	기존의 틀이나 실현 가능성을 배제하고 아이디어를 낸다.
질보다 양	좋은 아이디어를 내기보다 많은 아이디어를 낸다.
아이디어를 결합	다른 사람의 아이디어에 적극적으로 편승하거나 조합한다.

❹ 아이디어를 낸다　❸의 규칙으로 발상한다. 생각할 수 있는 모든 아이디어를 도출하는 것을 목표로 한다. 아이디어가 떨어진 것 같으면 생각을 비틀어서 다른 아이디어가 나오게 한다. 새로운 시각을 가질 때는 수평적 사고(사고법 ⑬ 참고)와 역설적 사고(사고법 ⑭ 참고), IF 사고(사고법 ⑮ 참고)가 유용하다.

❺ 아이디어를 정리한다　아이디어를 정리하고 유용한 것을 골라 구체화한다. 아이디어를 정리하는 방법으로 5장에서 소개할 KJ법(사고법 ⑥⓪ 참고)이 유용하다.

끝났다고 느껴질 때 한 번 더 생각한다

브레인스토밍을 할 때는 아이디어를 최대한 많이 쏟아내야 한다. '더는 나올 아이디어가 없어'라고 한계가 느껴질 때 다른 사람의 경험이나 관점으로 한 번 더 생각하는 자세가 필요하다. 기존의 생각에서 벗어날 수 있어야 새로운 아이디어와 관점을 발견할 수 있다.

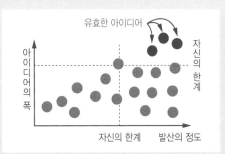

12 유추적 사고

비슷한 특징을 끌어내 응용한다

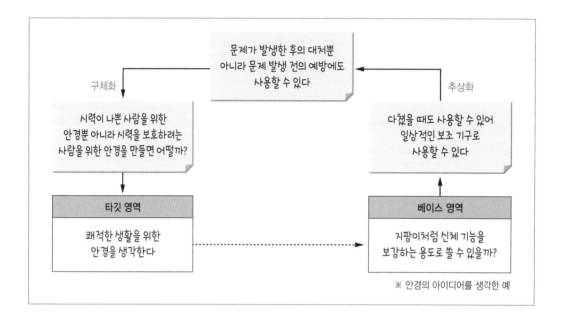

구체화

문제가 발생한 후의 대처뿐
아니라 문제 발생 전의 예방에도
사용할 수 있다

추상화

시력이 나쁜 사람을 위한
안경뿐 아니라 시력을 보호하려는
사람을 위한 안경을 만들면 어떨까?

다쳤을 때도 사용할 수 있어
일상적인 보조 기구로
사용할 수 있다

타깃 영역
쾌적한 생활을 위한 안경을 생각한다

베이스 영역
지팡이처럼 신체 기능을 보강하는 용도로 쓸 수 있을까?

※ 안경의 아이디어를 생각한 예

기본 정보

유추적 사고는 서로 다른 대상에서 유사점을 찾아 생각할 주제에 응용하는 사고법이다. 비슷한 특징에서 발상의 힌트를 찾는 것이 특징이다. 다양한 사물에서 아이디어의 재료를 추출해 생각할 주제에 응용할 수 있다는 점이 유추의 매력이다. 과거에 겪었던 일이나 경쟁사의 대처부터, 일상적인 청소나 요리 같은 행위, 새나 고양이 같은 동물의 특징에 이르기까지 다양한 대상에서 생각을 발전시킬 수 있다. 유추적 사고는 추상화와 구체화의 두 단계로 이뤄진다. 사고를 할 때 최종 목표가 되는 영역을 타깃 영역, 사고의 재료를 추출하는 영역을 베이스 영역이라고 한다. 베이스 영역의 특징을 추상화한 다음, 타깃 영역에서 구체화하는 흐름으로 사고를 전개한다. 유추적 사고 과정을 5단계로 나누어서 설명한다.

사고 방법

❶ **타깃 영역의 주제를 정한다**　신상품 기획이나 문제 해결 방안과 같이 생각할 주제를 설정한다. 왼쪽 페이지의 예에서는 신상품 안경에 대한 아이디어를 타깃 주제로 정했다.

❷ **베이스 영역을 정한다**　타깃 영역과 비슷한 특징이 있는 대상을 찾아 베이스 영역에 설정한다. 베이스 영역을 정할 때는 타깃 영역을 분할해서 생각하면 찾기가 쉽다. 안경을 예로 들면 '신체 기능(시력)을 보강하는 기능'이나 '몸에 부착하는 도구'와 같이 분해할 수 있다. 그리고 분해한 요소와 공통점이 있는 대상을 찾는다. '지팡이'를 베이스 영역에 설정했다.

❸ **베이스 영역의 특징을 추출한다**　베이스 영역의 구조나 관계, 흐름, 프로세스, 제도 등에서 특징을 추출한다. 타깃 영역보다 나은 점, 인상적인 부분을 찾는다.

❹ **추출한 특징을 추상화한다**　베이스 영역에서 추출한 특징을 다른 영역에도 적용할 수 있도록 보편적인 면이나 이론, 메커니즘, 시사점 등을 추상화한다. 어떤 것이 특이한지(What), 왜 특별한지(Why)를 생각한다.

❺ **타깃 영역에 응용한다**　추상화한 포인트나 이론을 타깃 영역에 적용할 방법을 생각한다. 이때는 개별적인 부분으로 구체화하면서 생각한다.

서로 다른 곳에서 같은 것을 찾는다

유추적 사고는 같은 모양을 갖추면서도 부족한 요소를 보완하는 사고법이라 할 수 있다. 베이스 영역에 있는 요소가 타깃 영역에 결여돼 있을 때, '그 요소를 보완하면 문제가 해결되지 않을까'라는 생각으로 접근한다. 반대로 베이스 영역은 단순한데 타깃 영역이 복잡하다면, '그 요소를 단순화하면 문제가 해결되지 않을까'라고 생각해볼 수 있다.

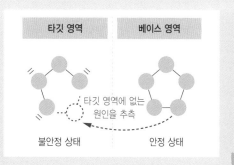

수평적 사고

연속된 논리에서 벗어나 새로운 아이디어를 도출한다

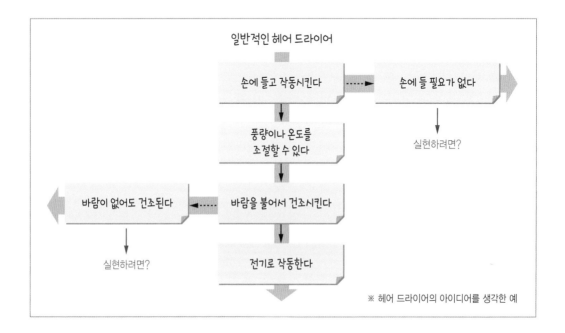

일반적인 헤어 드라이어

손에 들고 작동시킨다 ┈┈▶ 손에 들 필요가 없다

실현하려면?

풍량이나 온도를
조절할 수 있다

바람이 없어도 건조된다 ◀┈┈ 바람을 불어서 건조시킨다

실현하려면?

전기로 작동한다

※ 헤어 드라이어의 아이디어를 생각한 예

기본 정보

수평적 사고는 논리적인 타당성에 얽매이지 않고 생각을 유연하게 펼치는 사고법이다. 1장에서 소개한 논리적 사고는 연속적인 사고를 위아래로 전개해 '수직적'으로 사고하는 반면, 수평적 사고는 연속되지 않은 사고를 좌우로 전개해 '수평적'으로 생각하는 방법이다. 수직적 사고는 합리적인 결론을 끌어낼 수 있으나 고정 관념이나 이론에 얽매어 참신한 발상을 하지 못한다는 약점이 있다. 그에 반해 수평적 사고는 'ㅇㅇ이면 ㅇㅇ이다'와 같은 일반적인 타당성을 깨는 방법으로 비약적인 발상을 할 수 있다. 자유로운 발상이 가능하므로 참신한 아이디어가 필요할 때 적합한 방법이지만, 모두가 납득하는 보편적인 아이디어를 내기에는 적절하지 않다. 실용성을 생각할 때는 수직적 사고(논리적 사고)도 필요하므로 수직적 사고와 수평적 사고를 병행하면서 타당성과 유연성의 균형을 맞추어야 한다.

사고 방법

❶ 주제를 정한다 사고할 주제를 정한다. 문제 해결을 위한 아이디어를 주제로 정하기도 하지만 해결하고 싶은 문제 자체를 주제로 할 수 있다.

❷ 논리적으로 생각한다 주제를 정했다면 우선 논리적 사고를 한다. 암묵적인 전제나 이론을 언어로 표현하는 과정이다. 왼쪽 페이지의 예에서는 드라이어에 대한 설명을 일반적인 논리의 흐름으로 설명하고 있다. 불만이 있거나 불편한 부분을 드러낼 수 있다면 아이디어를 더 효과적으로 도출할 수 있다.

❸ 수평 이동으로 생각의 틈을 만든다 논리적으로 생각한 아이디어를 좌우로 흐트러뜨려 '수평 이동'시킨다. 드라이어를 예로 들면 손에 들고 사용한다는 전제를 깨는 것으로 새로운 발상을 할 수 있는 틈이 생긴다. 수평적 사고를 할 때는 옳다고 생각했던 고정 관념을 일단 무시하거나 과감하게 바꿔본다. 당연하다고 생각한 것을 의심하고 되물어 보는 방법으로 접근해보자.

❹ 생각의 틈을 채운다(연결한다) 수평 이동한 아이디어를 주제로 연결할 수 있는 또 다른 아이디어를 생각한다. 수평 이동을 하면 기존의 아이디어 사이에 틈이 생기는데 그대로 활용하기 어려우므로 간극을 채워 줄 필요가 있다. 예를 들어 '손에 들지 않아도 되는 드라이어를 만들려면 어떻게 해야 할까'를 생각한다면 '적당한 높이에 드라이어를 고정할 스탠드를 만든다'나 '드라이어로 머리를 말려 줄 로봇을 만든다'와 같은 새로운 발상을 할 수 있다. 이때부터는 활용 가능한 아이디어가 되도록 논리적으로 생각하며 아이디어를 다듬어 간다.

수평 이동으로 생각할 포인트를 늘린다

수평 이동 후에 어떻게 해야 할지 막힌다면 발상을 도와주는 프레임워크를 활용해보자. 예를 들어 오스본의 체크리스트(Osborn's Checklist)는 '전용', '응용', '변경', '확대', '축소', '대체', '재배치', '역발상', '결합'의 9가지 관점으로 생각을 정리할 때 쓸 수 있는 편리한 도구다.

전용	응용	변경
확대	축소	대체
재배치	역발상	결합

오스본의 체크리스트

14 역설적 사고

상식을 뒤집어서 생각하며 발상의 포인트를 찾는다

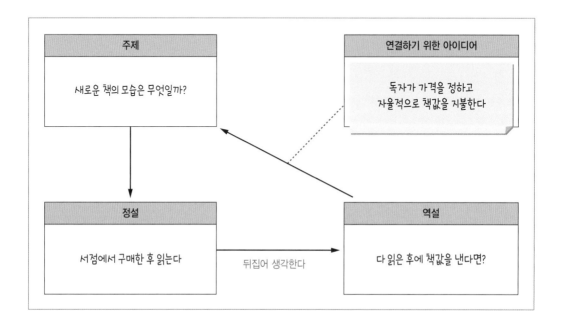

주제	연결하기 위한 아이디어
새로운 책의 모습은 무엇일까?	독자가 가격을 정하고 자율적으로 책값을 지불한다

정설		역설
서점에서 구매한 후 읽는다	뒤집어 생각한다	다 읽은 후에 책값을 낸다면?

기본 정보

역설적 사고는 일반적으로 옳다고 생각되던 것을 반대로 생각하며 새로운 발상의 포인트를 찾는 사고법이다. 상식이나 정설에 얽매이지 않고 유연한 생각을 하도록 도와준다. '원래 그렇다'라는 고정 관념에 반문하면서 진리에 다가서는 기법이라 할 수 있다. 정설은 어디까지나 과거를 기준으로 만들어진 것이므로 무턱대고 수용하기보다는 시대의 변화에서 잘 맞는지, 어떻게 받아들이면 좋을지 검토하는 자세가 필요하다. 기존의 사고방식에서 벗어나 대상을 상대적으로 파악할 수 있다는 것이 역설적 사고의 장점이다. 좋은 아이디어가 떠오르지 않거나 매너리즘에 빠졌다면, 기존의 아이디어나 전제를 뒤집어 보고 무엇을 얻을 수 있는지, 어떤 관점을 찾을 수 있는지 되물어보고 탐색해보자.

사고 방법

❶ 주제를 정한다　신상품을 기획하거나 마케팅 전략을 수립하는 것처럼 새로운 접근 방법이 필요한 과제를 주제로 정한다. 왼쪽 페이지는 새로운 책은 어떤 모습일지 생각한 예다.

❷ 정설을 생각한다　선정한 주제에 대해 우선은 일반적으로 옳다고 여겨지는 정설을 생각한다. 암묵적으로 알고 있는 전제를 언어로 바꾸는 과정으로 이제까지의 상식이나 성공 경험을 토대로 생각할 수 있는 것을 글로 쓴다.

❸ 역설을 생각한다　정설로 쓴 내용을 이번에는 반대로 생각한다. 아무도 생각하지 못한 부분이나 근본적인 내용을 깨닫게 돼 혁신적인 아이디어를 끌어내기 쉬워진다. 'ㅇㅇ인데 ㅇㅇ다'의 형식으로 접근하면 좋은데, 예를 들어 '서점인데 책을 팔지 않는다'와 같은 역설을 정한 다음 그로부터 아이디어를 끌어낸다.

❹ 아이디어를 생각한다　역설로 얻은 새로운 관점에서 주제에 적용할 수 있는 아이디어를 생각한다. 주제와 아이디어를 연결하다 보면 자연스럽게 주제의 본질에 대해 생각하게 된다. 바로 이런 점이 역설적 사고의 특징이다. 왼쪽 페이지의 예는 책값을 낸 후 책을 읽는 것에 반해 책을 먼저 본 후 책값을 내는 역설을 생각한 것으로, '책이란 무엇인가', '지식을 공유하는 것은 어떤 것인가'라는 근원적인 생각을 하게 만든다. 더욱 깊숙한 곳에서부터 다른 시각으로 볼 수 있는지 검토해보자.

반대 상황이나 반대 의견을 상정해본다

역설적 사고를 하려면 '반대'가 무엇인지 생각하는 능력이 필요하다. 그러려면 평소의 일상에서도 반대되는 것이 무엇인지 생각하는 습관을 들여야 한다. 반대말이 무엇인지 생각해보면 반대가 어떤 모습일지 생각하기 쉬워진다. 갑자기 역설을 생각하기가 힘들다면 주요 키워드의 반대말을 생각하며 정반대의 세상을 떠올려보자.

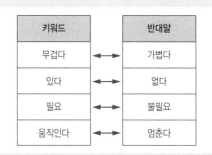

키워드		반대말
무겁다	↔	가볍다
있다	↔	없다
필요	↔	불필요
움직인다	↔	멈춘다

15 IF 사고

가상의 전제나 조건을 걸어서 생각의 폭을 넓힌다

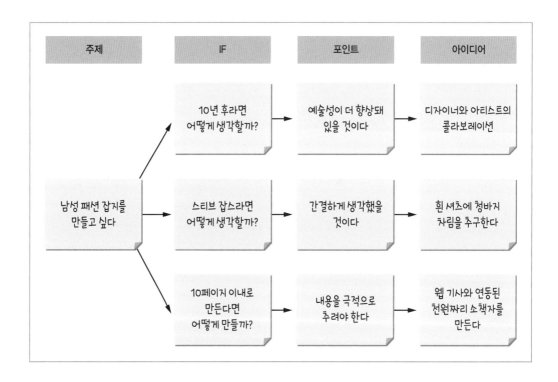

기본 정보

IF 사고는 '만약 ○○이라면?'과 같은 가상의 조건을 놓고 생각을 자극하는 사고법이다. 기존 사고방식으로는 쉽게 얻지 못하는 새로운 관점을 가질 수 있는 것이 IF 사고의 매력이다. IF 사고를 할 때는 IF(만약)라는 질문으로 전제를 바꾼다는 점을 의식해야 한다. 전제를 바꾸는 방법은 다른 사고법에도 자주 나오는 핵심 기법이지만 기존의 사고방식에서 전제를 바꾸기는 쉽지 않다. 그럴 때일수록 지금과는 다른 조건을 설정하는 단계를 의식적으로 도입해 전제에 얽매이지 않는 발상을 할 수 있어야 한다. 평소에 '만약 ○○이라면?'과 같은 의문을 가지고 다양한 관점과 생각을 쌓는 경험이 중요하다.

사고 방법

❶ 주제를 정한다   겪고 있는 문제나 상품, 서비스의 아이디어와 같은 주제를 정한다.

❷ IF를 생각한다   주제에 대해 어느 정도 생각을 정리한 다음, IF로 상황을 가정해 다시 생각해본다. IF를 검토할 때는 생각하는 이유나 목적을 의식한다. 대표적인 접근 방법을 소개하면 다음과 같다.

제약을 가정	기존의 제약이나 규칙을 걷어내거나 바꿔서 생각한다.
상황을 가정	'자사의 임직원이 10배로 늘어난다면?'과 같이 상황을 가정한다.
인물을 가정	유명한 위인이나 저명인사. 상사나 부하, 동료와 같은 다른 사람의 입장에서 생각한다.
지역을 가정	다른 지역이나 다른 범위에서 입장을 바꿔 생각한다.
시간을 가정	현재뿐만 아니라 과거나 미래의 시점에서 생각한다.

❸ 핵심을 추출한다   IF를 설정했을 때 일반적인 생각과 어떻게 달라지는지 생각한다. 예를 들어 '스티브 잡스라면 어떻게 생각할까?'라고 IF를 설정한 경우, '나보다 사물을 단순하게 생각할 것이다'와 같이 생각의 기준이 되는 요소를 추출한다.

❹ 아이디어를 발상한다   설정한 IF의 관점으로 추출한 포인트를 의식하면서 아이디어를 도출한다. 여러 가지 IF를 설정하면 기존의 사고방식에서 벗어나기 쉬워진다.

극단적인 상황을 가정한다

극단적인 상황을 가정하면 전에 보이지 않던 것이 보이기도 한다. 예컨대 '이 상품을 팔아서 100만원의 이익을 내야 한다면?'이라는 가정과 '1억원의 이익을 내야 한다면?'의 가정은 접근하는 방식이 달라진다. 생각이 고착됐다고 느껴지면 극단적인 가정으로 생각해보자.

16 비전문가적 사고

초심자의 관점에서 대상을 생각한다

	확인	설명
단순한가?	✕	경쟁사와 차별화하려다 기능이 복잡해짐 40% 정도는 필요 없을 듯
직관적인가?	✕	지나치게 틈새시장을 노리려고 함 콘셉트도 애매함
유연한가?	△	유연하게 생각했다고는 하나 수익성을 의식해서 사고의 폭이 제한된 듯함
쉬운가?	✕	기능이 복잡해 조작하기 어려움 전문용어가 많아 이해하기 어려움

※ 기존 서비스를 비전문가적 사고로 검토한 예

기본 정보

비전문가적 사고는 초심자의 시선에서 대상을 생각하는 사고법이다. 처음에는 큰 줄기만 보이지만 지식과 경험이 쌓일수록 지엽적인 부분을 보게 된다. 대상에 깊게 파고들어 자세하게 보는 것도 중요하지만 때로는 이런 접근 방식이 사고를 방해하기도 한다. 예를 들어 어떤 아이디어를 생각할 때 너무 많은 지식과 경험이 들어가면 오히려 본질이 흐려질 수 있다. 커뮤니케이션할 때도 더 쉽고 단순하게 말할 수 있어도 아는 것이 많다 보면 쓸데없이 자세하게 말하게 되기도 한다. 그럴 때는 '초심자라면 어떻게 생각할까?', '입문자라면 어떻게 받아들일까?'와 같이 접근 방법을 바꾸고 참신하고 본질적인 발상을 목표로 한다.

사고 방법

❶ 생각한 것을 쓴다 주제에 대해 생각하는 내용을 글로 옮겨 적는다. 중요하게 여기거나 고민하는 부분이 있다면 함께 쓴다.

❷ 단순하게 생각한다 생각한 내용이 너무 복잡한 건 아닌지 점검한다. 핵심과 부가적인 것이 무엇인지 정리할 수 있도록 단순하게 생각해본다.

❸ 직관적으로 생각한다 주제에 대해 무리하게 생각을 왜곡하거나 짜 맞추고 있진 않은지, 올바르고 직관적으로 생각하고 있는지를 점검한다. 생각이 한쪽으로 치우치거나 자존심이나 과시욕이 생각을 방해하고 있는지 확인한다.

❹ 유연하게 생각한다 보는 범위나 정밀도가 달라지면 제약이나 규칙 등에 얽매여 생각이 제한될 수 있다. 그런 제약을 일단 해제하고 유연하게 생각해본다.

❺ 쉽게 생각한다 더 간단하게 생각할 수 있는지 확인한다. 전문가일수록 자신의 지식이나 역량을 발휘하고 싶어서 생각이 고착화될 수 있다. 초심자의 지식이나 역량으로도 이해할 수 있도록 쉽게 생각해본다.

❻ 내용을 다듬는다 ❷에서 ❺까지의 생각을 다시 되짚어보고 어떤 것이 목적에 잘 부합하는지 확인한다. 정보가 많을 때는 가장 중요한 것, 그 다음으로 중요한 것은 무엇인지 단계별로 정보를 구분해 다듬어본다.

초심자의 시선에서 발상하고 전문가의 시선에서 구체화한다

비전문가적 사고를 할 때는 초심자의 시선에서 대상을 보고 제약 없이 자유롭게 생각을 펼친다. 생각이 충분히 펼쳐지면 실현 가능성과 제약을 고려하고 전문적인 지식과 경험으로 생각을 구체화한다. 생각이 막힐 때는 초심자의 입장으로 돌아가 사고의 폭을 넓히는 것이 중요하다.

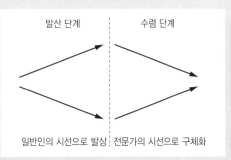

발산 단계　｜　수렴 단계

일반인의 시선으로 발상　｜　전문가의 시선으로 구체화

트레이드온 사고

두 가지 상반된 요소를 함께 얻을 방법을 생각한다

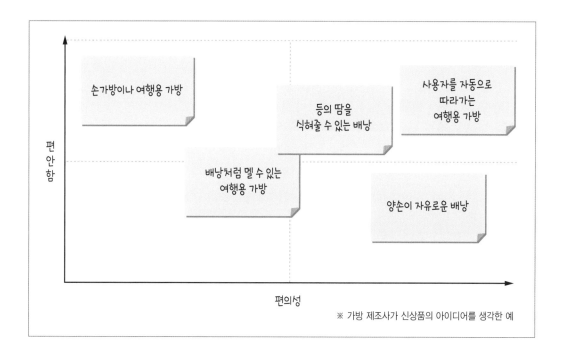

손가방이나 여행용 가방

등의 땀을
식혀줄 수 있는 배낭

사용자를 자동으로
따라가는
여행용 가방

편안함

배낭처럼 멜 수 있는
여행용 가방

양손이 자유로운 배낭

편의성

※ 가방 제조사가 신상품의 아이디어를 생각한 예

기본 정보

무엇을 얻기 위해 다른 무엇을 희생해야 하는 관계를 트레이드오프(trade-off)라고 한다. 품질과 가격, 일과 삶의 관계가 대표적이다. 트레이드오프를 타파해 2가지 상반된 요소를 양립하려는 생각이 **트레이드온(trade-on) 사고**다. 일석이조를 생각하며 혁신적인 아이디어를 만드는 것을 목표로 한다.

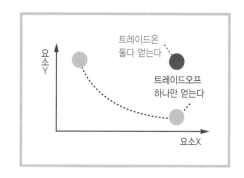

트레이드온
둘다 얻는다

요소Y

트레이드오프
하나만 얻는다

요소X

사고 방법

① **얻고 싶은 것을 생각한다** '짐을 담는 가방'을 예로 들어보자. 손가방이나 여행용 캐리어보다 '양손의 자유로움'을 얻기 위해 배낭을 이용할 수 있다.

② **잃게 될 것을 생각한다** **①**을 얻기 위해 희생되는 것을 생각한다. 가령, 배낭을 이용하면 양손이 자유롭지만 등이 불편하고 여름에 땀이 찰 수 있다. 이때 '양손의 자유로움'과 '등의 쾌적함'은 트레이드오프 관계로 볼 수 있다.

③ **트레이드온을 생각한다** 트레이드오프를 확인했다면 2가지를 동시에 얻을 방법인 트레이드온을 생각한다. 예를 들면 '양손이 자유롭고 등도 쾌적한 가방'을 생각할 수 있다.

참고 트레이드오프의 대처 패턴

트레이드오프에 대처하는 방법에는 트레이드온 외에도 다양한 패턴이 있다. 예컨대 트레이드오프를 활용해 경쟁우위를 확보하는 패턴이나, 두 가지 요소의 균형을 맞추는 패턴이 있다. 최종적으로 어떤 패턴으로 귀결되더라도 적어도 트레이드오프 상황에서 생각을 멈추는 것이 아니라 그것을 극복할 방법을 생각해보기를 권한다.

일상 속의 트레이드오프를 찾는다

효과적인 트레이드온 사고를 하려면 먼저 트레이드오프의 관계를 인식할 필요가 있다. 품질과 비용, 일과 삶, 속도와 정확성, 위험과 성과처럼 일상에서 볼 수 있는 트레이드오프 관계에 주목하자. 트레이드오프를 발견했을 때 매트릭스에 그려보면 요소 간의 관계를 쉽게 파악할 수 있다

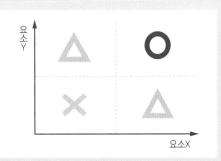

18 플러스섬 사고

서로 뺏지 않고 총합을 늘릴 방법을 생각한다

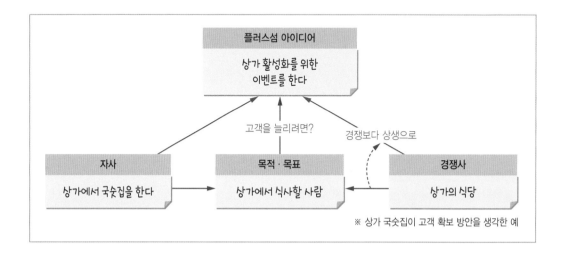

플러스섬 아이디어

상가 활성화를 위한
이벤트를 한다

고객을 늘리려면?

경쟁보다 상생으로

자사

상가에서 국숫집을 한다

목적·목표

상가에서 식사할 사람

경쟁사

상가의 식당

※ 상가 국숫집이 고객 확보 방안을 생각한 예

기본 정보

교섭이나 경쟁이 발생할 때 이익의 총합이 제로가 되는 상태를 제로섬(zero-sum)이라고 한다. 제로섬일 때는 누군가가 이익을 낼 때 다른 누군가는 손해를 입고, 누군가가 살아남기 위해서는 다른 누군가가 도태되는, 뺏고 뺏기는 상황이 계속된다. 총합이 제로가 되지 않는 상태를 논제로섬(non zero-sum)이라 하고, 그중에서도 총합이 플러스가 되는 상태를 플러스섬(plus-sum)이라고 한다. **플러스섬 사고**는 제한된 자원을 서로 뺏는 것이 아니라 전체 자원을 늘리는 방법으로 모두에게 도움(win-win)이 되는 방법을 모색하는 사고법이다. 플러스섬 사고는 제로섬 상태에서 적대 관계인 상대를 협력 관계로 만들 수 있다는 장점이 있다. 경쟁이 생기면 한 차원 높은 단계에서 공유 가능한 목표를 만들 수 있는지 생각해보자.

사고 방법

❶ 자사의 목표를 명확히 한다 실행하려는 기획이나 전략에서 우선 무엇을 해야 하고, 그 결과로 무엇을 얻으려는지 명확하게 한다. 상가에서 국숫집을 한다면 얻으려는 것은 '상가에서 식사할 사람'이다.

❷ 경합을 가시화한다 ❶을 실행할 때 경쟁이 얼마나 발생할지 가늠한다. 그러려면 같은 목표를 가진 개인이나 조직에 주목해야 한다. 상가의 국숫집을 예로 들면 같은 상권에는 비슷한 메뉴의 김밥집이나 분식집이 있을 수 있다. 이때 '상가에서 식사하는 사람'을 놓고 경쟁이 발생한다.

❸ 총합을 확장할 수 있는지 생각한다 경쟁의 원인이 되는 이익의 총합을 늘릴 방안을 생각한다. 그 예로 '상가에서 식사하는 사람을 어떻게 뺏을 것인가'를 생각하지 않고 '상가에서 식사할 사람을 어떻게 늘리면 될까'를 생각해야 한다. 제한된 이익의 총합을 서로 뺏는 것이 아니라 함께 힘을 모아 판을 키우려는 자세가 필요하다. 플러스섬 사고를 실천할 때는 경쟁사와 같은 방향을 바라보고 공유할 목표를 잘 설계해야 한다.

❹ 구체적인 아이디어를 내고 실천한다 구체적인 아이디어로 상가 활성화를 위한 이벤트를 열어 신규 고객을 유도하거나, 상가의 할인 정보를 알리기 위한 미디어를 만드는 등 다양한 방법으로 협력을 모색한다.

시장의 '분해'와 '확장'의 2가지 관점을 가진다

마케팅 사고(사고법 28 참고)에서 다루겠지만 시장의 세분화는 마케팅의 기본이다. 이런 접근 방식은 시장 자체를 키우려는 생각이 배제될 수 있다. 시장을 세분화하려는 만큼 확장하려는 노력도 잊지 말고 시도하기 바란다.

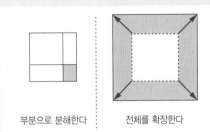

부분으로 분해한다 　 전체를 확장한다

대립을 받아들이고 제3의 선택지를 생각한다

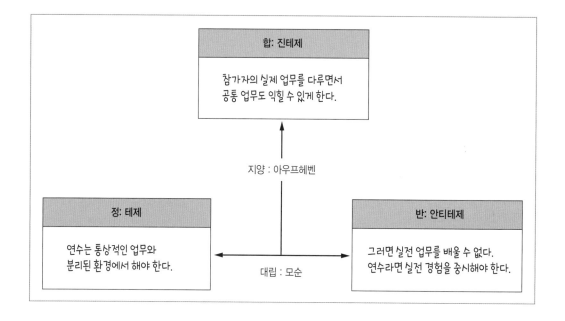

합: 진테제

참가자의 실제 업무를 다루면서
공통 업무도 익힐 수 있게 한다.

지양 : 아우프헤벤

정: 테제

연수는 통상적인 업무와
분리된 환경에서 해야 한다.

대립 : 모순

반: 안티테제

그러면 실전 업무를 배울 수 없다.
연수라면 실전 경험을 중시해야 한다.

기본 정보

변증법은 어떤 의견과 그에 반하는 의견을 통합해 더욱 나은 아이디어를 만드는 사고법이다. 처음 옳다고 생각한 의견(명제)을 테제(these), 그에 반대되는 의견(명제)을 안티테제(antithese)라 하고 테제와 안티테제를 통합해 만든 새로운 의견(명제)을 진테제(synthese)라고 한다. '테제 → 안티테제 → 진테제'의 흐름으로 생각하고 반대되는 아이디어를 충돌시키면서 새로운 아이디어를 만든다. 이 흐름을 '정(正) → 반(反) → 합(合)'이라고도 하며, 과정을 통해 아이디어가 통합되는 것을 아우프헤벤(aufheben), 혹은 지양이라고 한다. 혼자 생각할 때는 물론 여러 사람과 대화하면서 아이디어를 끌어낼 때 유용한 방법이다.

사고 방법

❶ **테제를 정한다** 옳다고 생각되는 의견으로 테제를 정한다. 자신의 의견은 물론 다른 사람의 의견도 테제가 될 수 있다. 주장하는 사람 중심으로 의견이 정해진다.

❷ **안티테제를 생각한다** 테제에 대립하는 의견이나 주장을 생각한다. 이 단계에서는 테제가 유일한 답이 아닐 수 있음을 자각하고, 다른 의견도 받아들일 수 있어야 한다. 타인과 다름을 인정하고 자신을 돌아보는 단계이기도 하다.

❸ **진테제를 생각한다** 테제와 안티테제를 통합해 더욱 높은 수준의 아이디어를 생각한다. 양측의 의견을 부분적으로 부정하거나, 부분적으로 수용하면서 고차원의 사고로 발전시킨다. 'A냐 B냐'와 같이 양자택일하는 사고방식이 아닌, 'A와 B를 포괄하는 보다 나은 C'를 생각해야 한다.

참고 의견의 부정과 인격의 부정을 혼동하지 않는다

변증법에서는 반대 의견을 내야 하기 때문에 다른 사람의 의견을 부정하게 된다. 이때 주의해야 할 점은 '부정의 대상'인데 부정해야 할 것은 '의견'의 내용이지, 의견을 주장하는 사람의 '인격'이 아니다. 또한 부정의 목적은 '더 나은 아이디어를 함께 만드는 것'이지 '상대를 이기는 것'이 아니다. 이를 혼동하면 건전한 대화나 사고를 할 수 없으므로 반드시 인지하고 주의해야 한다.

깊이 있는 사고는 계속된다

하나의 진테제를 생각하면 그에 대한 또 다른 대립 의견이 나오기 마련이다. 즉 진테제가 새로운 테제가 되는 셈인데, 그렇게 새로운 테제와 안티테제가 대립과 모순을 반복하다 보면 사고는 더 깊어지고 그 결과 아이디어는 훨씬 나은 모습으로 발전할 것이다.

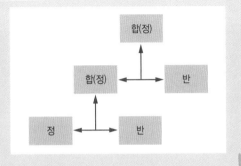

스토리 사고

대상의 변화를 연속적으로 표현해 사고를 구체화한다

※ 재택근무자를 위한 서비스를 생각한 예

기본 정보

스토리 사고는 대상의 변화를 이야기로 풀어가며 아이디어를 발상하고 표현하는 사고법이다. 문제를 해결하거나 가치를 체험하는 과정을 전체적인 흐름과 연속적인 장면으로 나타내 가시화한다. 아이디어를 스토리로 전개하면 현장의 느낌을 구체화할 수 있거나 시간의 변화에 따른 인과관계를 파악할 수 있고, 다른 사람에게 정보를 전달할 때 공감을 얻기 쉽거나 기억하기 쉬운 장점이 있다. 아이디어를 스토리로 표현할 때는 '스토리보드'를 쓴다(위 그림 참고). 스토리보드는 등장인물의 말과 행동을 이야기 안에 응축시킬 수 있어 아이디어를 이해하고 발전시키는 데 도움을 준다.

사고 방법

① 아이디어를 확인한다 어떤 문제를 어떻게 해결할지 생각한다. 고객의 입장에서 상품이나 서비스를 이용할 때 어떤 가치를 체험할 수 있는지 확인한다. 왼쪽 페이지의 예는 재택근무자의 외로움이나 스트레스를 달래 줄 온라인 상담 서비스에 관해 이야기를 전개했다.

② 등장인물의 가치 체험 과정을 언어로 표현한다 **①**의 아이디어에 나오는 등장인물의 말과 행동을 언어로 표현한다. 아래의 항목을 참고하면서 각각을 정리해보자.

- 등장인물은 누구인가? 주인공은 누구인가?
- 어떤 문제를 겪고 있는가? 무엇이 문제인가? 어떤 것을 바라는가?
- 문제를 어떻게 해결할 것인가?
- 문제가 해결되면 등장인물은 어떤 상태가 되는가?

③ 스토리보드를 작성한다 문제가 해결되는(고객이 서비스의 가치를 체험하는) 과정이 언어로 표현되면 주요 장면을 스케치해서 하나의 이야기로 정리한다. 예에서는 4컷 만화로 스토리보드를 작성했다.

④ 스토리를 공유하고 다듬는다 작성한 스토리보드를 다른 사람에게 공유하고 객관적인 감상이나 의견을 듣는다. 스토리를 만들면서 느낀 점, 완성한 후에 깨닫게 된 점, 다른 사람의 반응 등을 참고해 아이디어를 보완한다.

스토리를 표현하는 방법을 몸에 익힌다

스토리 사고는 이야기를 통해 발상을 풍부하게 만드는 기법이므로 이야기의 표현 방법을 잘 알고 있어야 한다. 이야기를 표현할 때는 예에서 사용한 4컷 만화뿐만 아니라, 영상이나 그림 연극, 단편극과 같이 다양한 방법을 쓸 수 있다. 자신에게 잘 맞는 방법을 찾고 효과적으로 활용할 수 있도록 평소에 잘 연습해두자.

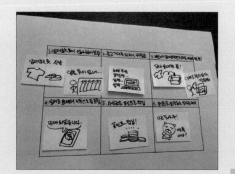

2축 사고

2가지 변수를 사용해 대상을 큰 그림으로 조망한다

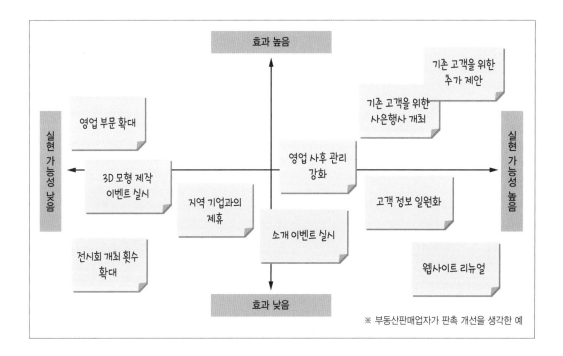

효과 높음

기존 고객을 위한
추가 제안

영업 부문 확대

기존 고객을 위한
사은행사 개최

실현 가능성 낮음

영업 사후 관리
강화

실현 가능성 높음

3D 모형 제작
이벤트 실시

지역 기업과의
제휴

고객 정보 일원화

소개 이벤트 실시

전시회 개최 횟수
확대

웹사이트 리뉴얼

효과 낮음

※ 부동산판매업자가 판촉 개선을 생각한 예

기본 정보

2축 사고는 2가지 변수를 축으로 정보를 정리해 이해와 발상을 돕는 사고법이다. 넘치는 정보를 단순하게 정리해 큰 그림을 볼 수 있는 장점이 있다. 대상을 '점'으로 보는 것이 아니라 2가지 축을 사용해 지도 같은 '면'으로 보는 것이 이 기법의 핵심이다. 발산한 아이디어를 정리해 조망하다 보면 생각을 수렴하는 효과도 있고, 한쪽으로 치우친 것이 눈에 보이기 때문에 부족한 영역의 발상을 도와주는 역할도 한다. 예에서는 2개의 축으로 4개의 영역을 만든 다음 '페이오프 매트릭스(payoff matrix)'를 그렸는데 효과와 실현 가능성의 2개 축으로 아이디어를 평가하고 있다.

사고 방법

❶ 아이디어를 낸다 과제와 관련된 정보를 수집하고 아이디어를 낸다. 처음에는 자유롭게 발상해도 상관없다. 왼쪽 페이지의 예는 부동산판매업자가 판촉을 위해 낸 아이디어다.

❷ 사분면에 배치한다 발산한 아이디어에 대해 '효과'와 '실현 가능성'을 검토한 후 사분면의 해당 영역에 배치한다. 여기서는 페이오프 매트릭스로 효과와 실현 가능성을 축으로 하고 있지만, 목적에 따라 다른 축을 정할 수도 있다. 도출한 아이디어에서 공통점을 찾고, 중요하거나 의미 있는 요소에 주목해 축을 정해보자. 다음은 비즈니스 현장에서 자주 활용되는 축의 예다.

예 축의 항목 정하기

효과×실현 가능성	효과와 실현 가능성을 축으로 둘 다 높은 아이디어를 찾는다.
전달 방법×특징	온/오프라인×가격/감성을 축으로 아이디어의 고객의 관심도를 검토한다.
성과×위험	기대하는 성과(return)와 위험(risk)을 축으로 전략을 검토한다.
중요도×긴급도	중요도와 긴급도를 축으로 위험 관리를 한다.

❸ 평가하고 선택하고 발전시킨다 배치가 끝난 아이디어를 조망하면서 평가하고 무엇을 실천할지 선택한다. 효과와 실현 가능성이 모두 높은 아이디어를 구체화하거나, 실현 가능성은 적지만 효과가 큰 아이디어를 확장해보자. 전체적인 큰 그림을 살피다 보면 기존의 생각을 더 발전시킬 수 있다.

각 사분면의 특징을 생각한다

2축 사고를 할 때는 각 사분면의 특징이 무엇인지 알아야 한다. 사분면의 특징은 축의 항목을 정할 때 결정되며, 분류할 때 의미가 있거나 문제 해결을 위한 실행 항목이 쉽게 드러나도록 사분면을 잡아야 한다.

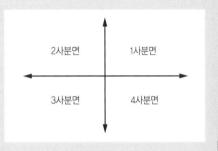

22 도해 사고

대상의 관계를 도식화하여 생각한다

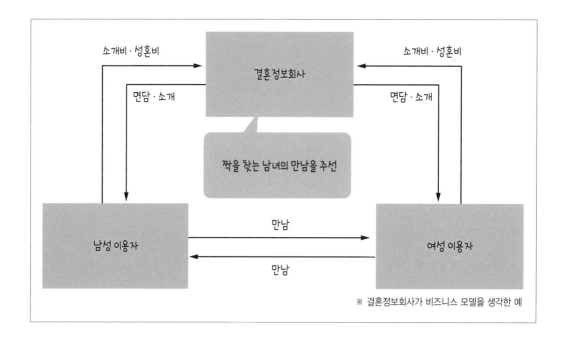

소개비·성혼비

결혼정보회사

소개비·성혼비

면담·소개

면담·소개

짝을 찾는 남녀의 만남을 주선

만남

남성 이용자

여성 이용자

만남

※ 결혼정보회사가 비즈니스 모델을 생각한 예

기본 정보

도해 사고는 정보의 복잡한 관계를 그림으로 표현해 단순하게 만드는 사고법이다. 문장으로 쓰면 이해하기 어려운 요소 간의 관계를 그림으로 표현하면 쉽게 이해할 수 있다. 도해 사고의 핵심은 '추상화'와 '패턴화'다. 추상화하면 복잡한 대상이라도 전체 그림과 요점을 이해해 표현할 수 있으며, 패턴화하면 비슷한 사례로부터 쉽게 해결 방법을 찾을 수 있다. 도해 사고는 아이디어의 수렴과 발산은 물론 프레젠테이션이나 기획 제안과 같은 다양한 상황에서도 활용 가능하다. 예에서는 결혼정보회사의 기능을 도해로 표현했다.

사고 방법

❶ **그림에 쓸 재료를 쓴다** 생각할 대상의 부분적인 정보를 그림의 부품처럼 써둔다. 후에 이 재료를 조립하면 전체 그림이 되는데, 다양한 정보에서 전체를 설명하는 핵심 요소를 찾아야 한다.

❷ **관계를 정리한다** 재료 간의 관계를 파악한다. 예를 들어 어떤 정보가 교환되는지, 종속 관계인지, 포함 관계인지, 혹은 대립 관계인지 살펴보고 정리한다.

❸ **그림으로 표현한다** 그림의 재료와 관계를 그림으로 표현하고 완성된 그림에서 떠오르는 생각을 아이디어로 다듬는다. 그림의 표현 방법에 정해진 답은 없지만, 다음의 방법을 알고 있으면 도해 사고를 할 때 도움이 된다.

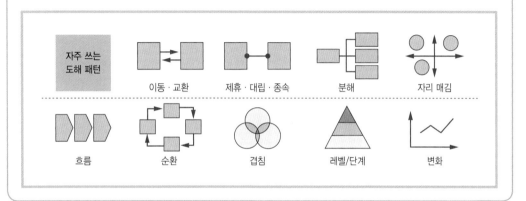

사각형과 선을 능숙하게 그릴 수 있도록 연습한다

도해 사고의 기본은 사각형과 선으로 요소 간의 관계를 표현하는 것이다. 사람, 물건, 사건 등을 사각형으로 표현하고 그 사이에서 이동하거나 교환되는 것을 화살표로 표현한다. 주변의 대상을 도해로 표현 가능한지 살펴보고 능숙하게 그릴 수 있도록 평소에 연습해두자.

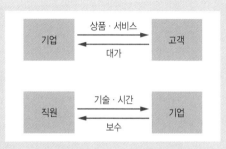

2장에서는 수평적 사고(사고법 ⑬ 참고)를 살펴봤다. 수평적 사고는 논리적 사고처럼 수직적이지 않고, 연속성 없이 확장성이 높아 풍부한 발상을 위해서는 꼭 익혀야 할 사고법이다. 본문에서는 헤어 드라이어를 예로 들었는데 여기서는 업무에서 자주 쓰는 수평적 사고를 소개한다.

● 먼저 논리적으로 분해한다

수평적 사고를 실제로 적용할 때는 생각할 대상을 분해한 다음, 각 요소를 수평 이동하는 것이 핵심이다. 자사 상품에 수평적 사고를 적용하면 마케팅적 요소가 재발견되기도 하는데 예를 들어 '대상자(시장)', '제공 서비스(상품)', '제공 방법'으로 나눌 수 있다. 다양한 관점으로 수평적 사고를 적용해보자.

Exercise 제공 서비스(상품)에 수평적 사고를 적용해보자

상품이나 서비스에 수평적 사고를 적용해보자.
몸짱이 되고 싶거나 운동하길 좋아하는 사람을 위한 피트니스 시설이 있다고 가정하자. '운동할 수 있는 환경'을 확장하면 '운동할 수 있는 환경' + 'PC로 업무를 할 수 있는 환경'으로 수평 이동할 수 있다. 그러면 '업무 공간이 필요하고 PC 작업으로 운동량이 부족한 사람의 니즈'를 충족한다는 가설을 만들 수 있는데 이를 토대로 구체적인 아이디어를 전개할 수도 있다.

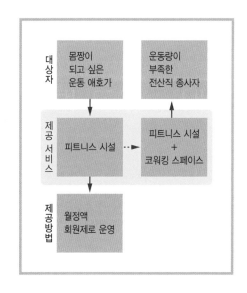

대상자(시장)에 수평적 사고를 적용해보자

이번에는 시장에 수평적 사고를 적용해보자.

자사의 목표는 콘텐츠 제공이고 SF 만화 작가가 있다고 하자. 콘텐츠를 오락으로 소비하는 시장에서 '학습하길 좋아하는 사람'을 위한 시장으로 수평 이동한다면 만화의 스타일이 달라질 수 있다. '과학을 좋아하는 사람을 위한 학습만화'로 발상을 전환하면 어려운 과학을 쉽게 설명하는 '만화로 배우는 과학 교과서'와 같이 아이디어를 구체화할 수 있다.

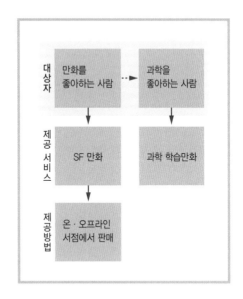

제공 방법에 수평적 사고를 적용해보자

마지막으로 제공 방법에 수평적 사고를 적용해보자.

공부나 업무를 하고 싶은 사람에게 커피와 공간을 제공하는 카페를 운영한다고 가정하자. 일반 카페라면 상품별로 가격을 정해 판매할 것이다. 이를 '월정액제로 커피를 제공'하는 요금체계로 수평 이동한다면 '매달 30잔까지 커피를 마실 수 있는 카페'와 같은 아이디어로 발전시킬 수 있다. 대상자와 제공 서비스를 그대로 두고 제공 방법만 수평 이동시켜도 새로운 아이디어를 얻을 수 있다.

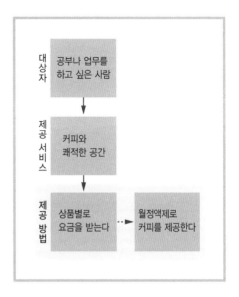

유추적 사고(사고법 ⑫ 참고)를 연습해보자. 유추적 사고는 다양한 상황에서 활용할 수 있고, 다른 사고법과도 쉽게 조합할 수 있는 중요한 사고법이다. 여러 가지 패턴을 실제로 시험해보면서 활용법을 익혀보자.

다양한 요소를 베이스 영역으로 설정해 연습한다

유추적 사고를 효과적으로 하려면 타깃 영역과 동떨어진 분야를 베이스 영역으로 설정할 수 있어야 한다. 타깃 영역이 '국숫집'이라면 비슷한 '면류'를 다루는 '김밥집'이나 '분식집'이 아니라 '외식'이라는 범위에서 '프랑스 요리점'이나 '한정식집'으로 설정할 것을 고려해본다.

'길고 가느다란 것'이라는 것에 착안해 '연필'이나 '전깃줄'에서 아이디어를 얻을 수 있는지 생각해볼 수도 있다. 연습의 마지막 부분에서는 베이스 영역에 설정할 요소 몇 가지를 예로 들었다. 얼핏 봐서는 전혀 관계가 없어 보여도 어떤 형태든 유사성이 있는지 살펴보며 아이디어의 힌트를 찾아보자.

물건의 특징에서 유추해보자

주변의 물건이나 생물에서 과제에 활용 가능한 요소가 있는지 살펴보자. 가령, 프로젝트팀을 운영하고 있을 때 '자전거'를 베이스 영역에 놓는다면 어떤 아이디어를 도출할 수 있을까? 프로젝트팀과 자전거의 유사점으로 '앞으로 나간다'는 특징을 생각할 수 있다. 자전거는 방향을 잡기 위한 앞바퀴와 추진력을 얻기 위한 뒷바퀴로 역할을 분담한다는 특징을 발견할 수도 있다. 이 생각을 프로젝트팀에 비춰본다면 전체를 조망하며 방향을 설정하는 역할과 팀원을 독려하며 추진력을 얻는 역할로 업무를 분담하자는 아이디어를 전개할 수 있다.

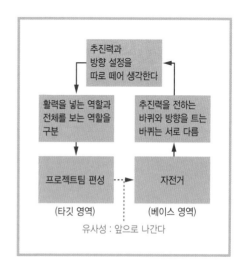

다른 업종에서 유추해보자

상품이나 서비스, 비즈니스 문제를 해결하고 싶을 때 유추적 사고를 활용하면 전혀 다른 업종에서도 아이디어의 힌트를 얻을 수 있다. 여행 서비스를 고민할 때 읽은 책을 리뷰하는 독서 리뷰 앱을 보았다면, 여행에 어떻게 접목하면 좋을지 생각해볼 수 있다. 아이디어를 발상할 때 매너리즘에 빠졌다면 몸담고 있는 업계와 전혀 다른 분야로 눈을 돌려보자. 특히 아날로그와 디지털, B2C[1]와 B2B[2] 사이를 넘나 들면 참신한 관점을 얻을 수 있다.

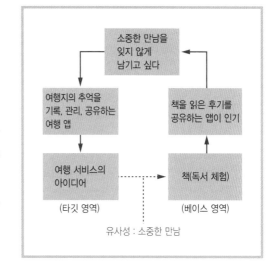

이야기에서 유추해보자

이야기를 유추하면서도 업무 아이디어를 얻을 수 있다. 경쟁사의 성장 스토리에서 힌트를 얻기도 하고, 영화나 소설에서도 유추할 대상을 발견하기도 한다. 예를 들어 영화에서 적과 치열하게 싸우다가도 외계인이 지구를 침공했을 때 함께 맞서 이겨냈다면, 이야기에서 무엇을 배울지 생각할 수 있다. 협력 관계를 구축할 때 어떤 절차를 밟았는지, 어떻게 커뮤니케이션했는지, 얼마나 노력했는지를 이야기의 흐름에서 되짚어보며 아이디어의 힌트를 찾아보자.

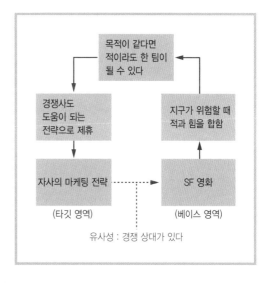

---

1 B2C: Business to Customer의 약자로 기업과 소비자가 거래하는 형태다. – 옮긴이
2 B2B: Business to Business의 약자로 기업과 기업이 거래하는 형태다. – 옮긴이

해외 선진사례에서 유추해보자

비즈니스에서는 해외 사례를 유추해 응용하기도 한다. 해외의 상품이나 서비스가 시차를 두고 국내에 도입될 때, 받아들이는 쪽에서는 대책을 수립하고 대응할 수 있어 효과적이다. 해외의 콘텐츠 플랫폼에 규제가 강화되면 국내에도 규제가 생길 거라 유추할 수 있다. 이럴 때는 미리 자사의 콘텐츠 가이드라인을 보완해 준비할 수 있다. 지리적으로 멀거나 시간대가 다른 곳에서 참고할 아이디어가 있는지 찾아보자.

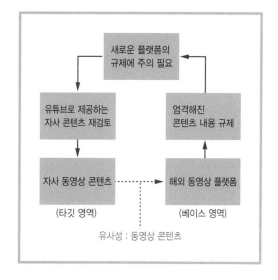

자신의 아이디어를 타인에게 유추해보자

지금까지는 외부의 정보를 베이스 영역에 두고 내부에 정보를 도입하는 방법을 다뤘다. 유추는 정보를 가져올 때뿐 아니라 자신의 정보를 타인에게 줄 때도 사용할 수 있다. 예컨대 신입사원에게 기획이 무엇인지 알려줄 때 '요리'라는 친숙한 주제로 유추하면 낯선 내용도 더 쉽게 이해시킬 수 있다. 생각한 아이디어나 상품을 설명할 때 상대가 잘 알고 있는 분야로 예를 들어 유추해보자.

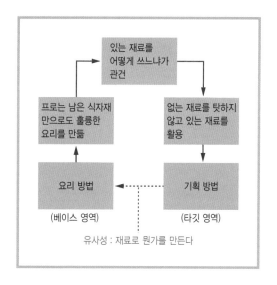

다양한 사물에서 아이디어의 힌트를 찾아보자

유추적 사고를 사용하면 다양한 사물에서 과제를 해결하기 위한 힌트를 얻을 수 있다. 하루아침에 유추를 잘 하게 되는 것은 아니므로 평소에 생활이나 업무를 하면서 전혀 다른 영역에서 아이디어를 얻는 연습을 해 둘 필요가 있다. 아래에 베이스 영역에 쓸만한 키워드를 예로 들었다. 뭔가 와닿는 키워드가 있다면 메모해 두었다가 겪고 있는 문제를 해결하는 데 힌트가 될만한 것이 있는지 생각해보자. 키워드와 관련된 재미있는 경험이나 요소를 적어보고, 왜 흥미롭게 느끼는지 생각하며 응용하자. 편리하다고 생각되면 왜 편리한지, 문제라고 생각하면 왜 문제가 되는지를 유추의 구조에 맞춰 생각하면서 자신이 겪고 있는 과제(타깃 영역)에 응용할 요소를 찾아보자.

요리 / 청소 / 육아 / 출산 / 목욕 / 영화 / 만화 / 교통 체증 / 자명종 / 전자레인지 / 신용카드 / 게임 / 퍼즐 / 퀴즈 / 야구 / 축구 / 유도 / 검도 / 계주 / 올림픽 / 탈의실 / 횡단보도 / 엘리베이터 / 작곡 / 출판 / 대한민국 / 미국 / 중국 / 무역 / 국회 / 학교 / 교육 / 회사 / 군대 / 심판 / 섬 / 물고기 / 곤충 / 탈피 / 빙하기 / 지구온난화 / 소득 격차 / 변호 / 생활습관 / 워라밸 / SNS / 라디오 / 텔레비전 / 전동칫솔 / 2층 침대 / 접이식 자전거 / 이사 / 옷 고르기 / 원탁 / 연장선 / 온라인 쇼핑 / 대형마트 / 도서관 / 음식점 / 지하철역 / 고속철도 / 자동판매기 / 주유소 / 편의점 / 병원 / 통계학 / 생물학 / 경제학 / 철학 / 농업 / 공업 / 서비스업 / 소매업 / 엔지니어 / 회계사 / 사회자 / 예술가 / 의사 / 버블 붕괴 / 쇄국 / 포장마차 / 레스토랑 / 배달 음식 / 회전초밥 / 중고서점 / 빈대떡 / 햄버거 / 김말이 / 설날 / 결혼식 / 크리스마스 / 할로윈 등

열린 질문과 닫힌 질문

다양한 질문(관점)은 생각을 풍부하게 만드는 데 중요한 역할을 한다. 이 책은 사고법의 해설서이기도 하지만 동시에 사고를 확장하기 위한 질문서이기도 하다. 발상을 도와주는 질문에는 '열린 질문'과 '닫힌 질문'이 있다. 앞에서 소개한 발산과 수렴과도 관련이 있으니 하나씩 살펴보자.

열린 질문

열린 질문은 답이 무수히 많은 질문을 말한다. 예를 들어 '10대가 공감하는 콘텐츠는 어떤 것일까?', '재미있는 웹사이트는 어떤 것일까?'와 같이 자유롭게 답을 할 수 있는 질문이다. 열린 질문은 아이디어를 발산하는 단계에서 유용하게 쓸 수 있다.

닫힌 질문

닫힌 질문은 답의 선택지가 제한된 질문을 말한다. '예'나 '아니오'로 대답할 수 있거나 정해진 후보 안에서 답을 선택하는 유형인데 가령 '남성 전용 미용실은 향후 성장할 것으로 보이는가?'나 '지금 주력해야 하는 것은 영업, 기술, 디자인 중 어느 것인가?'와 같은 질문이다. 그밖에도 '지금까지 나온 아이디어 중 가장 매력적인 것은 어느 것인가?'와 같이 물을 수도 있다. 닫힌 질문은 아이디어를 발산하기보다 수렴하는 단계에서 유용하게 쓸 수 있다.

열고 닫기를 반복한다

열린 질문과 닫힌 질문을 조합하면서 아이디어를 다듬을 수 있다. 열린 질문으로 생각을 펼치고 닫힌 질문으로 정제하는 셈인데, 질문을 여닫는 과정을 반복함으로써 사고의 질을 높일 수 있다. 2가지 질문 유형이 있다는 것을 염두에 두고 발상을 전개해보자. 특히 여러 사람이 함께 아이디어를 도출할 때는 이러한 질문의 차이가 있다는 것을 모두가 공감한 후, 의식적으로 적절한 질문을 골라 쓰는 노력이 필요하다.

비즈니스 사고력을 높인다

비즈니스 사고력을 높인다

3장에서는 비즈니스를 하면서 아이디어가 필요하거나 신사업이나 신상품, 서비스를 준비할 때 활용하기 좋은 사고법을 소개한다.

비즈니스에 필요한 아이디어

세상은 누군가의 고민이나 바람으로 넘친다. 아쉬움을 달래는 방법으로 상품과 서비스를 제공하고 그에 대한 대가를 받는 것이 비즈니스다. 비즈니스에서 아이디어를 낸다는 것은 '사람에게 도움되는 것을 찾는 것'이며 달리 말하면 고객의 문제를 해결할 방법을 찾는 것이다. **누구의, 어떤 문제(고민이나 바람)를 어떻게** 해결할 것인가라는 관점을 갖는 것이 중요하다.

기존의 비즈니스에서 실마리를 찾는다

누구에게 어떤 문제가 있는지, 어떻게 해결할지 생각해보라고 하면 말은 쉽지만 막상 해보면 난감할 때가 있다. 아이디어가 잘 나오지 않을 때는 먼저, 세상에는 어떤 비즈니스가 있는지 의식적으로 살펴보자. 예를 들어 가사를 돌볼 여유가 없는 이를 위한 가사도우미 서비스가 있는가 하면, 왼손잡이를 위한 왼손잡이 용품 전문점도 있다. '누구'의 '어떤 문제'를 '어떻게 해결할 것인가'라는 필터를 통해 일상을 다시 돌아보면 다른 사람의 고민이나 바람을 인지하는 감수성이 높아져 비즈니스 아이디어를 발상하기 쉬워진다.

사람을 이해하고 관찰한다

다른 사람의 문제를 해결하려면 사람을 잘 **이해**해야 한다. 그러려면 먼저 사람을 잘 **관찰**해야 한다. 이장에 나오는 '니즈 사고'와 '디자인 사고'는 사람을 이해하는 것을 시작으로 아이디어를 떠올리는 사고법이다. 말과 행동의 배경에 눈을 돌려, 보이지 않는 부분까지 상상할 수 있도록 관찰력을 키워보자.

비즈니스 아이디어를 구체화하려면

고객의 문제가 무엇인지 알았다면 문제 해결 방법을 세상에 내놓을 방법을 생각한다. 이때 필요한 개념이 몇 가지 있는데, 이장에 나오는 **비즈니스모델, 마케팅, 전략**이라는 키워드는 제대로 짚고 넘어가야 한다. 비즈니스를 제대로 일으키려면 지속해서 수익을 내는 구조를 만들어야 한다. 고객의 관심을 끌 수단은 필요하고, 경쟁사와 경합을 하면서도 자사의 우위성도 발휘해야 한다. 아이디어가 아이디어만으로 끝나지 않도록 비즈니스 사고력을 단련해보자.

미션 · 비전 · 가치를 언어로 표현한다

상품이나 서비스를 시장에 선보이고 비즈니스를 전개할 때 중요한 것으로 '미션 · 비전 · 가치'가 있다. **미션**은 '무엇을 위해 사업을 하는가'와 같은 존재 의미나 목적을 말한다. **비전**은 '어떤 미래를 꿈꾸는가'와 같은 이상을, **가치**는 미션과 비전을 실현하는 데 조직이 중요하게 생각하는 '가치관'이나 '행동 방침'을 의미한다.

비즈니스는 단지 수익만 추구해선 안 된다. 회사 입장에서, 사업을 함께하는 구성원 입장에서도 하는 일을 하는 '의미'가 중요하다. 가령 '코딩 교육 비즈니스로 업계 1위가 된다'를 목표하는 사업자와 '교육으로 세계로 진출할 개발자를 양성한다'를 목표하는 사업자가 있다면 각각의 생각에 공감하는 사람은 분명 다를 것이다. 사업을 왜 영위해야 하는지 깊게 생각하고 언어로 표현하는 것은 고객에게 상품과 서비스를 이해시키는 것은 물론 파트너나 임직원이 같은 인식을 공유하기 위해 반드시 필요하다.

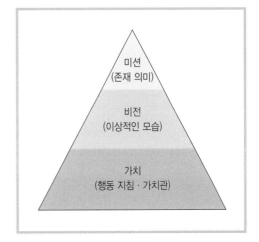

23 가치 제안 사고

어떤 가치를 제공할지 생각한다

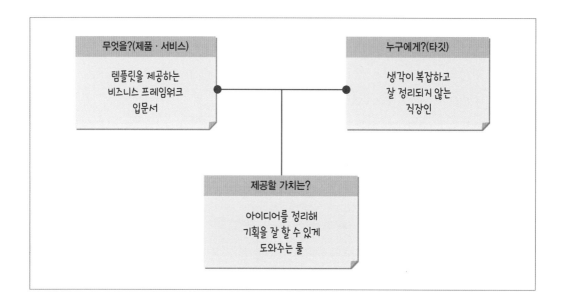

무엇을?(제품 · 서비스)	누구에게?(타깃)
템플릿을 제공하는 비즈니스 프레임워크 입문서	생각이 복잡하고 잘 정리되지 않는 직장인

제공할 가치는?

아이디어를 정리해 기획을 잘 할 수 있게 도와주는 툴

기본 정보

가치 제안 사고는 상품이나 서비스로 제공할 가치에 초점을 맞춰 생각하는 사고법이다. 가치를 생각하는 것은 다른 사람에게 도움이 되는 일이 무엇인지 생각하는 것으로, 기쁨을 주거나 아픔을 줄이는 방법을 탐구하는 일이기도 하다. '나(상품이나 서비스)는 누구에게 어떤 도움을 주고 싶은가?'라는 물음이 중요한데, 이는 비즈니스에서 핵심 질문이다. 자신이 제공할 혹은 제공하고 있는 상품과 서비스는 누구를 행복하게 하고 있는지 생각해보자. 비즈니스 모델 사고(사고법 27 참고)에서 가치를 지속해서 제공할 때 필요한 관점을 다룰 것이다. 실제로 상품과 서비스를 검토할 때 고객의 고민에서 생각하는 니즈 사고(사고법 25 참고)와 자사의 강점에서 생각하는 시즈 사고(사고법 24 참고)도 살펴본다.

사고 방법

❶ 무엇을 제공할지 생각한다 제공할, 혹은 제공하고 있는 상품이나 서비스에서 생각할 대상을 고르고 기능과 특징을 파악한다. 왼쪽 페이지의 예에서는 '비즈니스 프레임워크를 소개'하는 것이 기능이고 '템플릿이 제공'되는 것이 특징이다.

❷ 누구에게 제공할지 생각한다 상품이나 서비스를 전달할 상대가 누구인지 명확히 한다. 고객은 누구인지, 고객이 어떤 문제를 겪고 있는지 생각한다. 고객의 문제를 생각할 때는 '무엇을 하고 싶은지', '어떤 어려움이 있는지'의 두 가지를 생각한다. 예시의 가치 제안의 대상은 '생각이 정리되지 않는 회사원'이다.

❸ 제공할 가치를 생각한다 상품이나 서비스를 통해 고객에게 전달할 가치를 생각한다. 이때는 '고객이 겪고 있는 문제의 해결'을 염두에 둬야 한다. ❶의 상품이나 서비스의 기능으로 고객의 문제가 해결될 때 그 변화를 만드는 것을 가치라고 할 수 있다. 예에서는 '주저없이 기획을 할 수 있게 되었다'같은 변화를 만들기 위해 '아이디어를 정리해 기획을 잘 할 수 있게 도와주는 툴'이 가치가 될 수 있다.

❹ 상품이나 서비스의 이상적인 모습을 생각한다 제공할 가치를 생각했다면 이번에는 상품이나 서비스의 형태나 내용이 어떠해야 하는지 생각한다. 기획을 잘 할 수 있게 되는 것에 가치를 둔다고 한다면 '템플릿'이나 '샘플'을 제공해야 한다는 식으로 아이디어를 발전시킬 수 있다.

가치 체험의 전과 후를 생각한다

제공할 가치를 생각할 때는 상품이나 서비스를 체험하기 전과 후의 차이에 주목한다. 고객이 자사의 상품이나 서비스를 이용하기 전과 후에 어떤 변화가 일어날지 생각하고 거기에서 숨겨진 가치를 찾아보자.

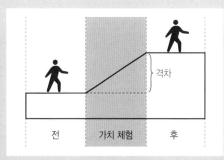

자사가 보유한 자원과 강점을 바탕으로 가치를 생각한다

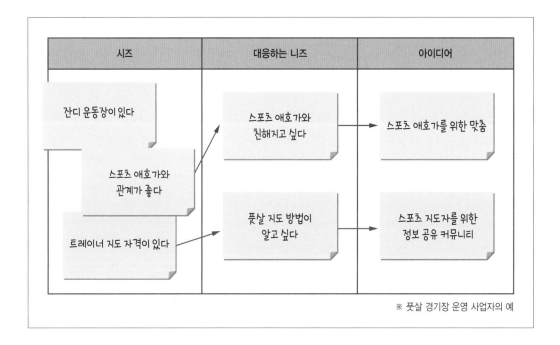

시즈	대응하는 니즈	아이디어
잔디 운동장이 있다		
스포츠 애호가와 관계가 좋다	스포츠 애호가와 친해지고 싶다	스포츠 애호가를 위한 맞춤
트레이너 지도 자격이 있다	풋살 지도 방법이 알고 싶다	스포츠 지도자를 위한 정보 공유 커뮤니티

※ 풋살 경기장 운영 사업자의 예

기본 정보

시즈(seeds) 사고는 갖고 있는 자원이나 강점을 살려 가치를 창출하는 사고법이다. 고객의 필요를 바탕으로 생각하는 니즈(needs) 사고(사고법 **25** 참고)와 짝을 이루는 기법이다. 중요한 포인트는 '가지고 있는 것을 어떻게 활용할까?'라는 질문이다. 이미 확보한 기술이나 지식, 설비를 활용해 문제를 해결하거나 사회에 기여할 방법을 생각한다. 이때 다른 사람의 고민이나 문제를 파악할 때 필요한 것이 다음 절에서 설명할 니즈 사고다. 시즈 사고는 니즈 사고와 짝이 되는 사고법이지만 어느 방법이 더 좋고 안 좋고를 따질 성격은 아니다. 정확한 니즈를 알지 못하면 가치를 만들 수 없는 것처럼 이미 가진 시즈를 제대로 활용하지 못한다면 가치를 만들지 못하기 때문이다. 니즈 사고와 시즈 사고를 오가며 생각할 수 있어야 한다.

사고 방법

❶ 시즈를 가시화한다 현재 어떤 시즈가 있는지 살펴보고 자원이나 강점을 언어로 표현한다. 흔히 시즈는 '기술'에 국한된다고 생각하기 쉽지만 다음의 항목을 참고해 자사의 자원과 강점을 찾아보자. 자신이 깨닫지 못하는 강점도 있을 수 있으므로 다른 사람에게 찾아달라는 방법도 대안이 된다.

인재	확보한 인재는 어떤 역량과 경험을 갖고 있을까?
기술 개발	개발 부문에는 어떤 기술과 설비를 갖고 있을까?
자금 조달	보유한 자금이나 자금 조달력에 강점이 있을까?
제조	제조나 운영 방식의 노하우나 보유한 설비에 강점이 있을까?
물류	물류 방식의 노하우나 거래처가 가진 강점이 있을까?
기획	독자적인 기획 노하우나 특별히 잘하는 기획 분야가 있을까?
판매	어떤 판매 채널이 있고 특별한 프로모션 노하우가 있을까?
서비스	고객과 커뮤니케이션하는 노하우나 특별한 경험이 있을까?

❷ 대응되는 니즈를 생각한다 이미 확보한 시즈로 만족시킬 수 있는 니즈를 생각한다. '기존의 니즈와는 다른 새로운 니즈에 대응할 수 있을까?', '이런 니즈가 있다면 이런 시즈를 활용할 수 있지 않을까?'와 같이 질문하면서 대응되는 니즈의 후보를 찾는다.

❸ 아이디어를 생각한다 ❷의 니즈를 만족시키기 위한 시즈의 활용법을 생각한다.

새로운 시즈와 니즈의 조합을 찾는다

시즈와 니즈를 축으로 매트릭스를 그려보면 상품이나 서비스, 비즈니스의 아이디어가 생각날 수 있다. 자사의 시즈를 가로축으로, 고객의 니즈를 세로축으로 설정한 다음 각각을 조합하는 방식으로 아이디어를 도출해보자.

	니즈	니즈	니즈
시즈			
시즈			
시즈			

교차하는 부분에서 아이디어를 생각한다

25 니즈 사고

고객의 니즈를 바탕으로 가치를 생각한다

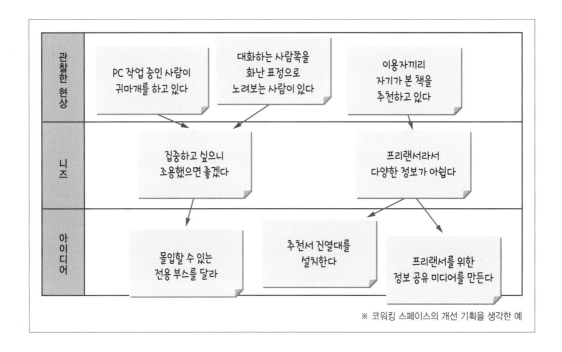

※ 코워킹 스페이스의 개선 기획을 생각한 예

기본 정보

니즈 사고는 고객이 가진 니즈(고민이나 바람)를 이해하고 그것을 바탕으로 아이디어를 내는 사고법이다. '이런 일이 곤란하다'와 같은 고민이나 '이러면 좋을 텐데'라는 바람을 파악하고 그것을 만족시킬 수 있는 방법을 찾는 것으로 자사가 가진 자원이나 강점을 바탕으로 아이디어를 내는 시즈 사고(사고법 24 참고) 와 짝을 이루는 기법이다. 니즈 사고를 할 때는 먼저 고객을 잘 관찰하고 깊숙하게 숨어 있는 니즈를 파악해야 한다. 고객의 말과 행동에서 바로 보이는 니즈는 물론 무의식에 깔린 '잠재 니즈'까지 찾아야 한다. 문제를 해결할 때는 보이지 않는 니즈까지 파악할 수 있어야 근본적이고 혁신적인 아이디어를 도출할 수 있기 때문이다.

사고 방법

❶ 행동을 관찰한다　고객의 말과 행동을 관찰하면서 정보를 수집한다. 관찰할 때는 있는 그대로를 기록하는 것이 중요하다. 'What'과 'How'에 주목해야 한다. 고객이 무엇을 하는지, 어떻게 행동하는지를 살펴보고 분석할 수 있어야 한다.

❷ 니즈를 생각한다　관찰한 내용에서 고객이 어떤 니즈가 있는지 생각한다. 관찰할 때는 'What'과 'How'를 중시한 데 반해, 니즈를 생각할 때는 'Why'가 관건이다. 말과 행동의 배경에는 어떤 니즈와 감정, 의미가 있는지를 생각한다.

참고 현재 니즈와 잠재 니즈

니즈에는 고객 스스로가 그것을 원한다고 자각하고 있는 '보이는 니즈'와 고객 자신도 깨닫지 못한 '보이지 않는 니즈'가 있다. 예를 들어 '책을 읽고 싶다'와 같은 현재 니즈 배경에는 '업무를 더 잘하고 싶다'나 '변화에 뒤처지기 싫다'와 같이 마음속 깊이 숨어 있는 잠재적 니즈가 있다고 생각할 수 있다.

❸ 질문하면서 니즈를 끌어낸다　관찰로도 얻을 수 없는 정보는 고객에게 질문해 얻을 수 있다. 설문이나 단체 인터뷰 같은 방법을 쓸 수 있는데 '어떤 문제를 겪고 있나요?'라고 단도직입으로 물어보거나 '이런 기능이 있다면 어떨까요?'라고 가설 검증하듯 물어보며 니즈를 분석할 수 있다.

❹ 니즈를 충족시킬 방법을 생각한다　가시화한 니즈를 충족시킬 수 있는 아이디어를 생각한다.

눈에 보이지 않는 이면을 생각한다

니즈 사고는 눈에 보이는 것 이면에 무엇이 있는지 생각하는 것이다. 상품이나 서비스의 아이디어를 생각할 때는 물론 일상적인 커뮤니케이션을 할 때도 활용할 수 있다. 다른 사람의 말과 행동의 배경에는 어떤 고민과 바람이 있는지 잘 관찰하고 생각해보자.

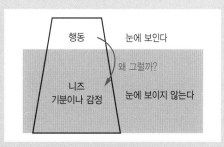

26 디자인 사고

디자이너의 사고방식으로 니즈를 이해하고 아이디어를 생각한다

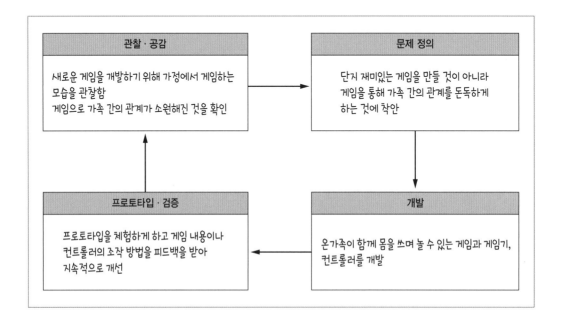

관찰 · 공감	문제 정의
새로운 게임을 개발하기 위해 가정에서 게임하는 모습을 관찰함 게임으로 가족 간의 관계가 소원해진 것을 확인	단지 재미있는 게임을 만들 것이 아니라 게임을 통해 가족 간의 관계를 돈독하게 하는 것에 착안

프로토타입 · 검증	개발
프로토타입을 체험하게 하고 게임 내용이나 컨트롤러의 조작 방법을 피드백을 받아 지속적으로 개선	온가족이 함께 몸을 쓰며 놀 수 있는 게임과 게임기, 컨트롤러를 개발

기본 정보

디자인 사고는 디자이너가 생각하는 사고방식이나 사물을 보는 시각을 통해 고객의 니즈[1]를 이해하고 가치를 창출하는 사고법이다. 대상의 형태나 기능뿐만 아니라 사용자의 '경험'을 보다 나은 모습으로 디자인(설계)함으로써 문제를 해결할 수 있다. 전략이론에서 논리적인 발상을 할 때는 니즈가 명확할수록 유리하나, 빠른 변화 속에서 새로운 니즈를 찾기엔 역부족일 수 있다. 현장에서 고객을 관찰하며 고객 자신도 인지하지 못했던 숨어있는 니즈를 찾아내고, 니즈를 충족하기 위한 아이디어 도출하는 과정이 디자인 사고의 특징이라 할 수 있다. 디자인 사고를 4단계로 나누어 설명한다.

I 니즈(needs) . 경영학에서 파생된 단어로 '필요의 인식으로부터 유빌되는 소비자 욕구'를 의미한다. – 옮긴이

사고 방법

❶ 고객을 관찰하고 공감한다 고객이 체험하는 과정을 관찰하고 이면에 숨은 생각이나 감정에 공감할 수 있도록 이해를 높인다. 고객 관찰과 인터뷰는 물론, 때에 따라 직접 체험도 해보면서 고객이 가진 잠재된 니즈를 끌어 올린다.

❷ 문제를 정의한다 공감으로 얻어낸 사용자의 니즈를 정리하고 어떻게 문제를 해결할지 생각한다. 즉 수집한 정보에서 어떤 부분에 초점을 맞출지 생각하는 과정으로 문제가 해결되면 고객은 행복해할지, 고객이 기뻐해 줄지 생각하면서 문제를 정의한다.

❸ 아이디어를 도출한다 정의한 문제를 해결하기 위한 아이디어를 도출한다. 아이디어를 낼 때는 질보다는 양을 우선해야 한다. 기존의 사고방식에 맞춰 아이디어를 평가하거나 취사선택하지 않고, 모든 가능성을 충분히 열어놓고 아이디어를 내야 한다.

❹ 프로토타입을 만들어서 검증한다 아이디어를 구체화할 수 있는 '프로토타입(시제품, prototype)'을 만든다. 실제로 눈에 보이고 손으로 만질 수 있는 프로토타입을 만들어야 한다. 이 과정에서 발상을 촉진하거나, 공감도를 높일 수 있고 아이디어 단계에서 타당성도 검증해볼 수 있다. 고객의 일상에서 프로토타입이 어떻게 작용하는지 확인하고 피드백을 수집해, 계속 아이디어를 보완하고 다듬어간다. 프로토타입을 만들 때는 한 번에 100%의 완성도를 바랄 것이 아니라 작고 빠르게 형태를 갖춰가며 단계적으로 개선한다.

니즈의 탐구와 아이디어의 현실성

디자인 사고를 할 때는 니즈를 찾아 아이디어를 내는 것도 중요하지만, 인간(사람에게 어떤 가치가 있는가)과 기술(어떤 기술로 구현할 수 있는가) 그리고 경제(비즈니스로 지속 가능한가)의 측면도 함께 살펴야 한다. 고객의 니즈를 철저하게 분석하는 와중에도 니즈를 어떻게 실현할지에 대한 관점을 놓치지 말아야 한다.

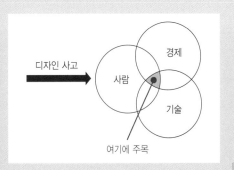

비즈니스 모델 사고

가치를 지속해서 전달할 수 있는 구조를 생각한다

KP 핵심 파트너	KA 핵심 활동	VP 가치 제안	CR 고객 관계	CS 고객 세그먼트
보육 보조 가능한 보육·육아 경험자	코워킹 스페이스 시설 정비·운영	놀이방이 있는 코워킹 스페이스 보육 보조 스태프 상주	함께 아이를 키우는 육아 커뮤니티	일을 하고 싶지만 육아로 시간을 내기 어려운 여성
보육 관련 사업자나 조직, 시설	**KR 핵심 자원**	일을 하다 언제든 아이를 맡길 수 있음	**CH 채널**	일을 하고 싶은 욕구도 있지만 육아에 대한 불안감도 있음
	보육 가능한 코워킹 스페이스의 시설, 운영 노하우		웹 광고 맘카페	

CS 비용 구조	RS 수익 흐름
코워킹 스페이스 관리비 보육 보조 스태프 인건비	코워킹 스페이스 이용료 : 월8만원 키즈카페 이용 시 : 월4만원 추가 ※ 월정액 회원제

The Business Model Canvas
©Strategyzer(https://strategyzer.com)
Designed by Strategyzer AG

※ 키즈카페가 있는 코워킹 스페이스의 비즈니스 모델

기본 정보

비즈니스 모델 사고는 고객에게 가치를 지속해서 제공하기 위한 구조를 생각하는 사고법이다. 고객에게 제공할 가치가 있더라도 가치가 계속 이어지지 못한다면 일시적인 이벤트로 끝날 수 있다. '어떤 가치를, 누구에게, 어떻게 전달하는가'는 물론 '지속적인 가치 제공을 위해 필요한 자원을 어떻게 만들 것인가'까지 생각할 수 있는 시각을 가져야 한다. 고객에게 가치를 제공할 때 필요한 요소와 비즈니스 모델을 이해하는 프레임워크로 '비즈니스 모델 캔버스'가 있다. 비즈니스 모델을 생각하는 방법은 여러 가지 있지만 아이디어를 사업화할 때 편리한 방법으로 비즈니스 모델 캔버스를 활용하는 방법을 소개한다.

사고 방법

❶ **정보를 정리한다** 누구에게 어떤 가치를 전달할지 비즈니스 모델의 기초가 될 정보를 정리한다. 비즈니스 모델 캔버스에서는 다음 9가지 요소로 비즈니스 모델을 이해하거나 구축할 수 있다.

고객 세그먼트(Customer Segments, CS)	고객은 누구인가? 주로 어떤 니즈를 가진 사람이 고객 집단이 되는가?
가치 제안(Value Proposition, VP)	고객이 겪고 있는 문제를 해결하기 위해 제공해야 할 가치는 무엇인가?
채널(Channels, CH)	가치를 전하기 위한 커뮤니케이션, 판촉, 유통 방법은 무엇인가?
고객 관계(Customer Relationships, CR)	고객과 어떤 관계를 구축할 것인가?
수익 흐름(Revenue Streams, RS)	가치를 전한 결과로 수익을 어떻게 낼 것인가?
핵심 자원(Key Resources, KR)	가치 제공에 필요한 자원(사람, 물건, 자금, 정보 등)은 무엇인가?
핵심 활동(Key Activities, KA)	주로 필요한 활동은 무엇인가?
핵심 파트너(Key Partners, KP)	자원을 얻고 활동하는 데 필요한 외부 조력자(거래처)는 누구인가?
비용 구조(Cost Structure, CS)	운영하는 데 필요한 자금은 얼마인가?

❷ **아이디어를 다듬는다** 앞서 열거한 요소를 정리하고 가치 제공을 지속할 수 있는 구조를 생각한다. 다양한 아이디어를 다듬고 정리해 하나의 비즈니스 모델로 만든다.

❸ **실천하고 개선한다** 정리된 비즈니스 모델을 실천하고 의도한 대로 되는지 검증한다. 더 나은 비즈니스 모델이 되도록 반복해서 개선한다.

주목해야 할 세 가지 관점

비즈니스 모델 사고에서 중요한 것은 '누구에게 가치를 제공할 것인가?', '어떤 가치를 제공할 것인가?', '어떻게 지속적인 수익을 낼 것인가'의 세 가지 관점이다. 비즈니스 모델 캔버스에서는 CS, VP, RS에 해당하는데 아이디어를 다듬을 때는 먼저 여기에 주목해서 생각해보자.

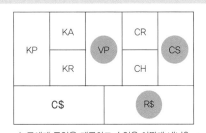

누구에게 무엇을 제공하고 수익은 어떻게 내나?

28 마케팅 사고

올바른 가치를 만들어 올바르게 전한다

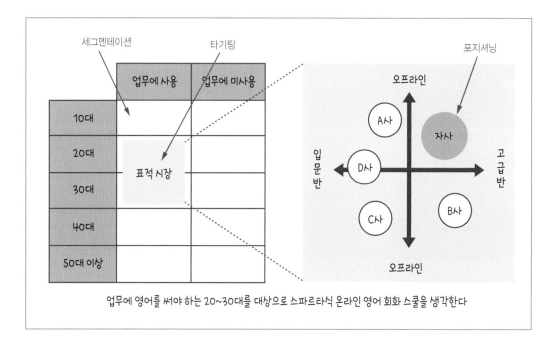

업무에 영어를 써야 하는 20~30대를 대상으로 스파르타식 온라인 영어 회화 스쿨을 생각한다

기본 정보

마케팅(marketing)은 소비자의 니즈를 파악하고 니즈를 만족시킬 수 있는 가치를 만든 다음, 그 가치를 전달하는 과정에서 고객을 확보하는 기술을 말한다. 누가 어떤 니즈를 가졌는지, 니즈를 충족시킬 수 있는 상품이나 서비스는 무엇인지, 그것을 전달하기 위한 커뮤니케이션 방법은 무엇인지를 생각하는 것이 **마케팅 사고**다. 비즈니스 모델 사고(사고법 **27** 참고)가 '누구에게', '무엇을', '어떤 수익 구조로 전달할 것인가'를 중시했다면, '누구에게', '무엇을'에 이어 그것을 전달하기 위해 '어떻게 고객과의 관계성을 높일 것인가'를 중시하는 것이 마케팅 사고라 할 수 있다. 마케팅의 기본이 되는 리서치를 통한 시장 세분화와 선택, 자사의 위상 정립, 4P 분석(마케팅 믹스)까지 설명한다.

사고 방법

❶ 시장 조사를 한다(research) 시장에 대한 이해를 높이기 위해 정보를 수집하고 분석한다. 고객 (customer), 경쟁사(competitor), 자사(company)의 3항목을 조사하는 3C 분석을 시작으로 시장의 동향이나 각사의 강점, 전략 등을 확인한다.

❷ 시장을 세분화한다(segmentation) 진입을 검토 중인 시장을 정의하고 시장을 세분화한다. '시장'이란 같은 니즈를 가진 집단을 의미하며 시장을 구분하는 기준으로는 지역적 변수, 인구 통계 변수, 심리적 변수, 행동 변수 등이 있다.

❸ 표적 시장을 정한다(targeting) 분할한 시장 세그먼트 중에서 목표 시장을 정한다. 시장 규모나 성장성, 경쟁 상황, 진입 가능 여부, 반응 측정 가능 여부 등을 검토해 결정한다.

❹ 위상을 정한다(positioning) 타기팅한 시장 중 어떤 포지션으로 상품이나 서비스를 전개할지 생각한다. 예를 들어 '가성비가 좋음', '고급스러움', '퀄리티가 좋음', '최신으로 앞서감'과 같이 고객이 어떤 특징을 인식하게 만들지를 검토한다.

❺ 4P 분석을 한다(marketing mix) ❶에서 ❹까지를 거친 다음, 어떤 상품이나 서비스를 만들고 어떻게 커뮤니케이션할지 생각한다. 제품(product), 가격(price), 유통(place), 판촉(promotion)의 요소와 함께 조합해서 생각해야 한다.

경쟁사의 4P와 비교한다

자사의 4P와 경쟁사의 4P를 비교해 어떤 차이가 있는지 살펴보자. 경쟁사의 4P를 분석하면 나름의 의미를 찾을 수 있고, 차이를 파악하는 과정에서 타기팅이나 포지셔닝의 배경이 되는 전략이나 의도를 읽을 수 있다. 자사의 마케팅을 고민할 때는 경쟁사와 비교하면서 생각해보자.

	자사	경쟁사A	경쟁사B
제품			
가격			
유통			
판촉			

29 전략적 사고

목적을 달성하기 위한 방법을 거시적으로 생각한다

전략		
	고객이 인정한 차별성	합리적인 가격
업계 전반	음식에 예술을 더한 콘셉트 인테리어와 식기, 음악으로 미를 추구함 (차별화 전략)	생산·고객 응대 프로세스를 시스템화해 합리적인 가격대를 실현 (코스트 리더십 전략)
특정 세그먼트	이탈리아 요리 중 파스타에 특화 다양한 파스타를 준비, 면과 소스의 조합을 맞춤형으로 주문할 수 있는 매장을 전개(집중 전략)	

(타깃)

※ 이탈리아 레스토랑 사업의 전략을 세운 예

기본 정보

전략적 사고는 경영 레벨의 거시적이고 장기적인 안목으로 의사를 결정하는 사고법이다. 기업이 고객에게 상품이나 서비스를 제공하고 그 대가를 받는 활동에는 경쟁사가 있기 마련이고 그 과정에서 고객을 확보하기 위한 경쟁은 피할 수 없다. 싸우는 와중에도 자사가 이길 방법을 생각해야 하는데 필요한 것이 전략적 사고다. 전략적인 사고방식의 대표적인 예로는 '선택과 집중'이 있는데 이는 자사가 가장 잘하는 경쟁 우위 영역에 집중적으로 자원을 투입하고, 나머지는 버리는 방법이다. 제한된 자원에서도 작은 것을 희생하고 큰 것을 얻을 방법을 찾는 것은 기업 활동에서 중요한 일이다. 전략적 사고를 위한 다양한 이론과 기법을 잘 구사해 거시적 안목으로 문제를 해결할 수 있는 사고력을 높이자.

사고 방법

❶ 목적이나 목표를 명확히 한다　최종적으로 달성하고 싶은 목적이나 목표를 확인한다. 구체적인 숫자로 표현할 수 있다면 목표하는 수치를 지표로 한다.

❷ 제약을 명확히 한다　❶에서 정한 목표를 달성하기 위해 자원을 얼마나 투입할 수 있는지, 인적, 환경적, 정치적, 기술적인 제약이 있는지 확인한다. 전략을 세울 때는 내가 가진 것과 없는 것은 무엇인지 알아야 한다.

❸ 전략을 세운다　제약을 고려하며 목적을 달성하기 위한 전략을 생각한다. 왼쪽 페이지의 예는 전략을 생각하는 기법으로 '포터의 세 가지 기본 전략'을 응용해 이탈리아 레스토랑 사업의 전략을 검토한 것이다. 이 기법은 타깃을 좁히는 방법과 유불리를 따지는 방법을 조합해 '원가 우위 전략', '차별화 전략', '집중화 전략'의 세 가지 방향으로 전략적인 아이디어를 도출하게 도와준다.

예 전략 수립에 도움 되는 프레임워크

앤소프 매트릭스	'시장'과 '제품'을 각각 '기존'과 '신규'로 나눠 다각화 전략을 생각한다
전략 캔버스	고객에 전달할 가치를 분해, 비교하며 차별화 전략을 생각한다
SWOT 분석	사업에 영향을 주는 요소를 내부, 외부 환경으로 분석해 강점과 약점을 생각한다
크로스 SWOT 분석	SWOT 분석의 결과에서 강점을 살릴 전략을 생각한다

※ 위의 프레임워크에 대해서는 3장의 '연습하기'나 책 뒷부분의 '발상을 도와주는 비즈니스 프레임워크'에서 간단히 소개한다.

 ## 장기적인 관점으로 사고를 검증한다

전략적 사고법의 핵심은 '거시적'이고 '장기적'인 안목이다. 바둑에서 상대의 수를 미리 가늠하듯이 시뮬레이션하고 최선의 한 수가 무엇인지 고민한다. 포터의 세 가지 기본 전략을 활용한다면 각각의 전략을 골랐을 때의 미래를 직시한 후 당장 해야 할 일이 무엇인지 생각한다.

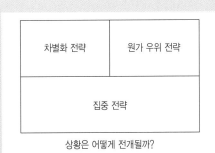

30 확률적 사고

성공할 확률을 판단 기준으로 생각한다

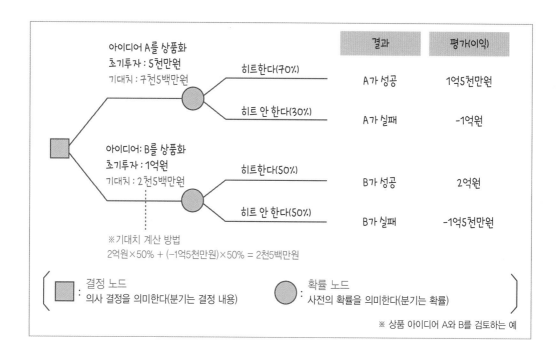

	결과	평가(이익)

아이디어 A를 상품화
초기투자 : 5천만원
기대치 : 구천5백만원

히트한다(구0%) → A가 성공 — 1억5천만원

히트 안 한다(30%) → A가 실패 — -1억원

아이디어: B를 상품화
초기투자 : 1억원
기대치 : 2천5백만원

히트한다(50%) → B가 성공 — 2억원

히트 안 한다(50%) → B가 실패 — -1억5천만원

※기대치 계산 방법
2억원×50% + (−1억5천만원)×50% = 2천5백만원

■ 결정 노드
의사 결정을 의미한다(분기는 결정 내용)

● 확률 노드
사전의 확률을 의미한다(분기는 확률)

※ 상품 아이디어 A와 B를 검토하는 예

기본 정보

확률적 사고는 선택지 각각의 기대치를 고려해 의사를 결정하는 사고법이다. 문제를 해결할 때 100% 옳은 방법이란 없으며, 어떤 결정이나 크고 작은 불확실성이 있기 마련이다. 선택지의 성공 확률을 따져, 보다 가능성이 있는 선택지를 고르는 방법으로 문제를 해결하려는 노력이 확률적 사고라 할 수 있다. 확률적 사고를 실천할 때 쓸 방법으로는 의사결정 트리(decision tree)가 있다. 생각할 수 있는 선택지와 그것을 골랐을 때 벌어지는 상황을 트리 형태로 정리한 후 각각의 기대치를 가시화하는 방법이다. 여기서는 두 가지 상품화 아이디어가 있을 때 의사결정 트리로 확률적 사고를 하는 과정을 설명한다.

사고 방법

참고 예제의 전제 조건

A의 아이디어로 상품화할 때는 5천만원의 초기 투자가 필요하고, 성공할 확률은 70%, 실패할 확률은 30%이다. 성공했을 때의 매출은 2억원이고(이익 1억 5천만원), 실패했을 때는 초기 투자금 외에도 5천만원의 손실이 발생한다(이익 −1억원). B의 아이디어로 상품화할 때는 1억원의 초기 투자가 필요하고, 성공과 실패 확률이 각각 50%로 똑같다. 성공했을 때의 매출은 3억원이고(이익 2억원), 실패했을 때는 초기 투자금 외에도 5천만 원의 손실이 발생한다(이익 −1억5천만 원).

❶ 선택지를 도출한다　선택지를 정리해 트리 형태로 표현한다. 예에서는 아이디어 A와 B의 두 가지 선택지가 있다.

❷ 결과와 평가를 생각한다　선택지를 고를 때 어떤 상황이 생길지 상정한다. 예에서 '성공'과 '실패'의 두 가지 패턴으로 나눴는데 각각의 결과와 최종적으로 얻을 이익을 평가해 함께 표시했다.

❸ 확률을 정하고 기대치를 계산한다　각각에 대한 확률을 정하고 기대치를 계산한다. 기대치는 확률과 평가(이익)를 곱한 것을 모두 더한 것이다.

❹ 의사를 결정한다　선택지의 기대치를 비교하고 어느 것을 택할지 결정한다. 예에서는 아이디어 A가 B보다 기대치가 높아 A가 선택될 것이라 예상할 수 있다.

승산 있는 싸움에 집중한다

비즈니스를 하다 보면 하고 싶은 일과 해야 할 일을 구분하기 위해 합리적인 의사 결정이 필요할 때가 있다. 더구나 회사의 미래를 좌우할 수 있는 중요한 사안이면 의사결정은 더 신중해야 한다. 구성원이 원치 않는 선택지라 할지라도 확률적으로 어쩔 수 없다고 판단되면 그 선택으로 얻을 수 있는 것이 무엇인지 설명하고, 함께 할 수 있도록 끌어들이고 독려해야 한다.

성공 확률이 높은 쪽에 자원을 집중

31 역산적 사고

목표하는 미래를 기점으로 현재를 생각한다

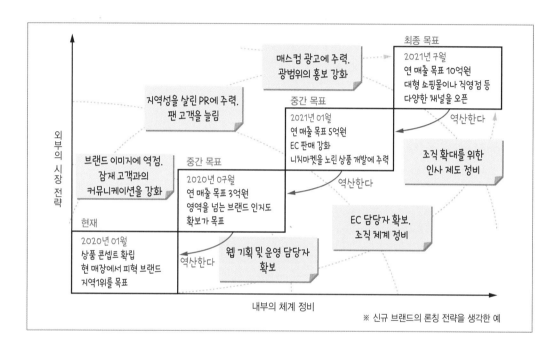

최종 목표

매스컴 광고에 주력.
광범위의 홍보 강화

2021년 9월
연 매출 목표 10억원
대형 쇼핑몰이나 직영점 등
다양한 채널을 오픈

지역성을 살린 PR에 주력.
팬 고객을 늘림

중간 목표

2021년 01월
연 매출 목표 5억원
EC 판매 강화
니치마켓을 노린 상품 개발에 주력

역산한다

브랜드 이미지에 역점.
잠재 고객과의
커뮤니케이션을 강화

중간 목표

2020년 07월
연 매출 목표 3억원
영역을 넘는 브랜드 인지도
확보가 목표

역산한다

조직 확대를 위한
인사 제도 정비

EC 담당자 확보.
조직 체계 정비

현재

2020년 01월
상품 콘셉트 확립
현 매장에서 피혁 브랜드
지역1위를 목표

역산한다

웹 기획 및 운영 담당자
확보

외부의 시장 전략

내부의 체계 정비

※ 신규 브랜드의 론칭 전략을 생각한 예

기본 정보

역산(逆算)적 사고는 목표하는 미래를 기점으로 현재를 생각하는 사고법이다. 현재를 기점으로 미래를 생각하는 적산(積算)적 사고와 반대 개념이다. 목표가 명확하다는 점과 과거에 얽매이지 않고 발상할 수 있다는 강점이 있다. '과거의 연장선에서의 미래'라는 타성이 아니라 '의지를 품은 미래'라는 목표를 설정해야 하며, 이 과정에서 무엇을 해야 하는지 명확하게 알 수 있다.

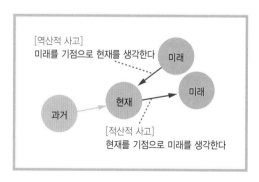

[역산적 사고]
미래를 기점으로 현재를 생각한다

[적산적 사고]
현재를 기점으로 미래를 생각한다

과거 현재 미래 미래

사고 방법

❶ 목표를 설정하고 현재와의 차이를 확인한다 최종적으로 도달하고 싶은 목표(이상적인 상태)를 정한다. 목표와 현재를 비교해 그 차이(gap)를 가시화한다. 목표를 설정할 때는 과거의 연장선에서 할 수 있 나 없나를 의식하지 말고 바라는 모습을 자유롭게 생각한다. 언제까지 목표에 이를지 '기한도 함께 정한다.

❷ 중간 목표를 정한다 목표에 도달하기 전의 중간 목표를 정한다. 중간 목표를 마일스톤(milestone)이 라 한다.

❸ 필요한 전략과 자원을 생각한다 중간 목표를 달성하기 위해 외부에서 펼쳐야 할 전략과 실행할 때 필 요한 내부의 자원을 생각한다. 외부에서의 전략이란 예를 들어 마케팅이나 프로모션, 영업 활동 등 을 말하고, 내부의 자원이란 실행에 필요한 인재나 기술, 조직 체계, 자금, 제도 등을 말한다. 각각에 대해 목표를 역산하면서 무엇이 필요한지 확인한다.

> **참고** 역산적 사고의 장점과 유의점
>
> 역산적 사고는 최종 목표와 중간 목표가 명확해서 의사결정이 쉽다는 장점이 있다. 반면 전제나 상황이 급변할 때는 제 역할을 하 지 못하는 단점도 있다. 미래를 구체적으로 그리는 것과 동시에 상황이 바뀔 때 즉시 보완할 수 있는 유연성이 필요하다.

도전 목표를 정한다

역산적 사고를 할 때 설정한 목표 수준이 낮다면 그 이상의 성과 를 기대하기 어려울 수 있다. 목표를 정할 때는 쉽게 달성하기 어 려운 도전적인 목표(stretch goal)인지 확인해보자. 예를 들어 시간 은 반으로, 성과는 2배로 내는 것을 목표로 잡는 등 적절한 수준이 어디인지 검토해보자.

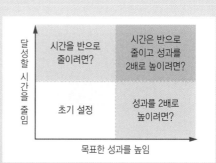

32 선택적 사고

여러 개의 선택지를 놓고 객관적으로 생각한다

	선택지1	선택지2	선택지3
제품	세트 상품을 생각한다	소포장 상품을 늘려 구매 개수를 늘린다	계속 구매하고 싶게 만든다
가격	세트로 만들어 상품 단가를 높인다	개별 가격을 낮추되 많이 구매하도록 유도한다	정기 구독 플랜을 제공한다
유통	현재와 같이 지하철역 상권에 오픈한다	지하철역 편의점 납품을 노린다	첫 구매는 매장에서, 다음부터는 택배로 받게 한다
판촉	세트 상품 홍보를 강화한다	다양한 구매 방법을 소개한다	회원과의 교류를 통한 커뮤니티를 만든다

※ 굿즈 판매업자가 고객 단가를 높일 아이디어를 생각한 예

기본 정보

선택적 사고는 여러 선택지를 두고 종합적이면서도 객관적으로 의사를 결정하는 사고법이다. 문제의 원인을 분석할 때나 아이디어를 검증할 때 하나의 선택지에 의존하는 것이 아니라 생각할 수 있는 선택지를 조망하고 평가하면서 선택하는 기법이다. 객관적인 의사결정을 할 수 있을 뿐만 아니라 다양한 선택지에서 대안을 찾을 수 있다는 장점이 있다. 아이디어를 생각하거나 그동안의 활동을 회고할 때 '이것이 최선인가?'라고 자문하며 시야를 넓혀야 한다.

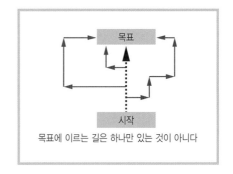

목표에 이르는 길은 하나만 있는 것이 아니다

사고 방법

❶ 주제를 정한다 생각할 과제나 주제를 정한다. 막연하게 정하기보다 목적이나 목표를 구체화해서 생각해야 한다.

❷ 선택지(옵션)을 정한다 과제에 대한 선택지를 나열한다. 상황에 따라 다를 수는 있지만, 우선은 생각나는 대로 적되, 최소 3개는 나오도록 정리해본다. 선택지가 너무 적으면 충분히 비교할 수 없거나 무리하게 의사결정을 해야 할 수도 있다. 가능성을 고려하며 다양한 경우를 찾아야 한다.

❸ 선택지에 대해 의논한다 각 선택지를 살펴본다. 어떤 장단점이 있는지 구체적으로 생각하고 이유와 근거, 관련 데이터가 있는지 찾으면서 선택지의 내용을 확실히 한다.

❹ 선택지를 평가한다 지표를 정하고 각각의 선택지를 평가한다. 중요성, 수익성, 장래성, 위험, 이익, 고유성, 영향도 등 상황이나 목적에 맞는 평가 지표를 골라야 한다. 점수를 3단계로 나누는 등 정량적으로 평가할 수 있으면 판단하기 쉬워진다.

❺ 의사결정한다 선택지의 평가 결과를 고려해 의사결정(선택) 한다. 결정한 후에는 실천할 내용을 구체적으로 생각하며 행동으로 옮긴다. 현장의 실행 결과를 바탕으로 선택지를 보완, 평가, 실천하면서 지속해서 내용을 보완해간다.

의사결정 매트릭스로 평가한다

선택지를 평가할 때 비교적 단순하고 이해하기 쉬운 방법으로 의사결정 매트릭스가 있다. 선택지를 지표별로 채점하는 방식인데 평가 결과를 한눈에 살펴볼 수 있어 의사결정을 위해 자료를 정리할 때 유용하게 쓸 수 있다.

	지표	지표	지표	합계
선택지	1점	2점	3점	6점
선택지	2점	2점	1점	5점
선택지	3점	2점	3점	8점

33 비저너리 사고

미래의 전망을 그려 조직을 한 방향으로 만든다

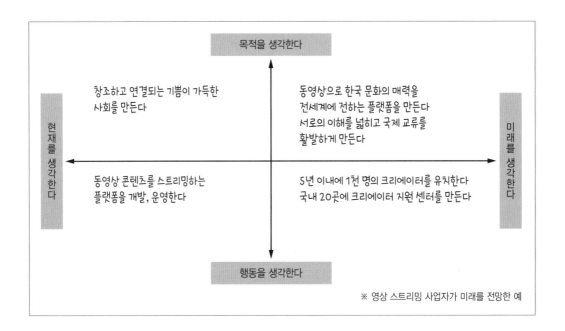

목적을 생각한다

창조하고 연결되는 기쁨이 가득한 사회를 만든다

동영상으로 한국 문화의 매력을 전세계에 전하는 플랫폼을 만든다 서로의 이해를 넓히고 국제 교류를 활발하게 만든다

현재를 생각한다

미래를 생각한다

동영상 콘텐츠를 스트리밍하는 플랫폼을 개발, 운영한다

5년 이내에 1천 명의 크리에이터를 유치한다 국내 20곳에 크리에이터 지원 센터를 만든다

행동을 생각한다

※ 영상 스트리밍 사업자가 미래를 전망한 예

기본 정보

비전(vision)이란 미래의 모습, 이상적인 모습, 전망 등의 의미로 쓰인다. 비저너리(visionary) 사고는 앞으로 되고 싶은 모습이나 전망을 꿈꾸면서 해야 할 일을 모색하는 사고법이다. 눈 앞에 닥친 일에 즉흥적으로 대응하기보다 장기적인 안목을 갖는 것이며, 현재는 미래와 연결됐다고 생각하는 것이 비저너리 사고다. 기치를 내걸고 사람을 끌어모아 문제를 해결하려 할 때 유용하게 쓸 수있다.

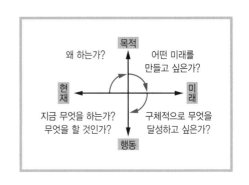

목적
왜 하는가?
어떤 미래를 만들고 싶은가?
현재
미래
지금 무엇을 하는가? 무엇을 할 것인가?
구체적으로 무엇을 달성하고 싶은가?
행동

사고 방법

❶ 현재 하는 활동을 점검한다 '현재와 미래', '행동과 목적'의 두 축으로 생각을 확장한다. 먼저 자신이 현재 하는 활동을 기록해보자. 어떤 사업을 하는지, 어떤 일을 하는지 점검해본다.

❷ 목적을 생각한다 ❶에서 정리한 내용을 보고 무엇 때문에 그 일을 하는지 생각한다. 목적이 무엇인 지 확인하는 셈인데 '나는 무엇을 하고 싶은가?'라는 생각에 주목한다. '사회의 어떤 문제를 해결할 수 있는가?'와 같은 이타적 목적이나 의미도 생각해보자.

❸ 미래로 확장한다 목적을 확인했다면 미래의 전망을 생각해보자. 어떤 미래를 만들고 싶은지, 어떤 사회를 실현하고 싶은지를 생각한다. 향후 5년 뒤, 10년 뒤, 100년 뒤나 그 이상을 생각할 수 있는 장기적이고 강력한 비전을 만들어본다.

❹ 공유할 수 있는 목표를 정한다 어떤 미래를 만들 것인지 생각했다면 그를 위해 필요한 행동은 무엇 인지 생각한다. '무엇이 어떻게 되었을 때 미래가 실현되었다고 볼 것인가?'와 같이 구체적이고 측정 가능한 지표로 목표를 정한다.

❺ 현재의 행동에 반영한다 생각한 미래의 모습이나 목적, 전망, 목표에 맞춰 당장 할 수 있는 행동을 실 천한다. 미래의 모습에서 역산하면서 방향성과 행동 계획을 조절한다.

한 방향으로 일치시킨다

조직이 지속해서 발전하려면 구성원의 생각이 일치해야 한다. 비 전을 선포하고 공유하는 이유는 구성원이 같은 방향을 바라보도 록 맞추기 위해서다. 비전을 생각하는 과정을 통해 개인과 조직의 방향성을 한 방향이 되도록 만들어보자.

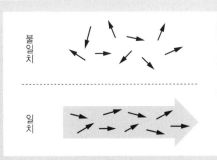

34 콘셉트 사고

의미를 재정의하여 본질을 발견한다

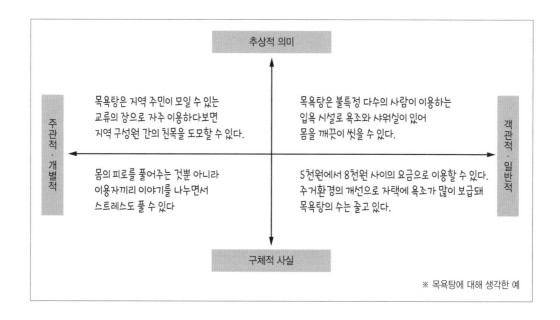

추상적 의미

목욕탕은 지역 주민이 모일 수 있는
교류의 장으로 자주 이용하다보면
지역 구성원 간의 친목을 도모할 수 있다.

목욕탕은 불특정 다수의 사람이 이용하는
입욕 시설로 욕조와 샤워실이 있어
몸을 깨끗이 씻을 수 있다.

주관적 · 개별적

객관적 · 일반적

몸의 피로를 풀어주는 것뿐 아니라
이용자끼리 이야기를 나누면서
스트레스도 풀 수 있다

5천원에서 8천원 사이의 요금으로 이용할 수 있다.
주거환경의 개선으로 자택에 욕조가 많이 보급돼
목욕탕의 수는 줄고 있다.

구체적 사실

※ 목욕탕에 대해 생각한 예

기본 정보

콘셉트 사고는 어떤 대상의 눈에 보이지 않는 본질을 찾는 사고법이다. 대상의 이해를 높임과 동시에 의미를 재정의하면서 새로운 시각을 얻을 수 있다. 잠재된 가치를 발견하거나 조직의 비전을 만들 때처럼 거시적인 안목이 필요할 때 도움이 된다. 재정의할 때 중요한 추상과 구체, 주관과 객관을 오가며 생각하는 방법을 소개한다.

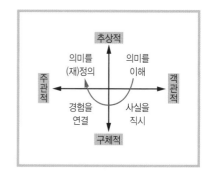

사고 방법

❶ 의미를 이해한다   생각할 대상을 주제로 정하고 대상의 의미나 일반적인 인식을 알아본다.

❷ 객관적인 사실을 직시한다   주제에 관한 구체적인 정보를 수집하고 사실에 입각해 이해도를 높인다. 관련 분야의 정보나 사례, 이력이나 역사 등을 살펴본다.

❸ 경험을 연결한다   객관적인 사실이나 일반적인 의미에 자신의 경험을 더해서 생각한다. 일반적인 총론에 그치지 않고 자신만의 각론을 더하는 것이 핵심이다.

❹ 의미를 재정의한다   수집된 정보를 되짚어 보며 나름의 의미를 재정의한다. 왼쪽 페이지는 '목욕탕'을 예로 든 것으로 몸을 씻는 곳(기능)이라는 일반적인 인식에, 자신의 경험을 더해 이용자 간의 교류가 일어나는 '지역 사회의 사교의 장'으로 재정의했다. 이때 재정의된 의미는 짧은 내용이라 하더라도 자신의 경험과 생각이 집약돼 있다는 점에서 의미가 있다.

❺ 표현한다   새롭게 도출된 아이디어에서 실천할 일을 생각한다. 예를 들어 단순한 목욕탕 사업이 아니라 지역 교류의 장으로써 목욕탕이 활성화될 방법을 생각한다. 조직의 비전을 생각할 때는 비저너리 사고(사고법 **33** 참고)와 조합하면 더욱 완성도가 높은 비전을 만들 수 있다.

이미지를 상상하며 개념을 잡아보자

❹의 단계에서는 재정의하면서 언어로 개념을 정리하는데 여기에 더해 이미지를 상상하면서 개념을 그려보자. 예를 들어 목욕탕의 의미나 역할을 그림이나 일러스트로 표현해보면 어떨까? 정답을 얻기보다 다른 사람의 공감을 얻는다는 생각으로 새로운 콘셉트로 재정의해보자.

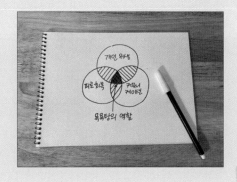

3장은 비즈니스에 관한 발상력을 높이는 방법을 알아봤다. 비즈니스적 관점을 단련하기에 앞서 꼭 알아 둬야 할 것은 '비즈니스 모델 사고'다(사고법 ㉗ 참고). 여기서는 비즈니스 모델 사고와 비즈니스 모델 캔 버스에 대해 좀더 연습해본다.

누구에게 어떤 가치를 전할 것인가?

비즈니스 모델 사고를 활용하기 전에 먼저 자신이 누구에게 어떤 가치를 전달하고 싶은지 혹은 전달하고 있는지 확인하자. 가치를 생각할 때는 누구에게 제공하려는지, 그 사람은 어떤 문제를 겪고 있는지, 무엇 을 바라는지를 알아야 한다. 생각이 막힌다면 가치 제안 사고(사고법 ㉓ 참고), 시즈 사고(사고법 ㉔ 참고), 니즈 사고(사고법 ㉕ 참고)를 다시 한번 살펴보자.

지속 가능한 체계에 필요한 것은?

가치를 전달하기 위해 어떤 요소가 필요한지 생각한다. 비즈니스 모델 캔버스에서는 고객 세그먼트, 가 치 제안, 채널, 고객 관계, 수익 흐름, 핵심 자원, 핵심 활동, 핵심 파트너, 비용 구조와 같은 9가지 요소 를 검토한다. 명확하지 않은 요소가 있을 때는 정보를 더 수집해 상세히 살펴보자.

기존의 비즈니스 모델을 개선한다

비즈니스 모델을 새로 생각할 때는 물론, 기존의 비즈니스 모델을 이해하거나 개선할 때도 비즈니스 모 델 캔버스는 필요하다. 9개 요소에 대한 정보를 정리하고 보다 나은 가치를 제공할 수 있는 체계는 무엇 일지 생각해보자.

비즈니스 모델 캔버스의 '가치를 전달하기 위한 체계 만들기'는 다양한 곳에서 활용할 수 있다. 자신이 맡 은 사내 프로젝트나 팀 내의 커뮤니케이션에서 가치의 흐름을 개선할 부분이 있는지 살펴보자.

웹사이트의 비즈니스 모델을 생각한다

다음은 '바쁜 일상에도 쉽게 요리할 수 있는 건강한 레시피'를 제공하는 여성 전용 미디어의 비즈니스 모델을 생각한 예시다. 웹사이트를 중심으로 광고를 통한 수익을 올리는 방식을 채택하고 있다.

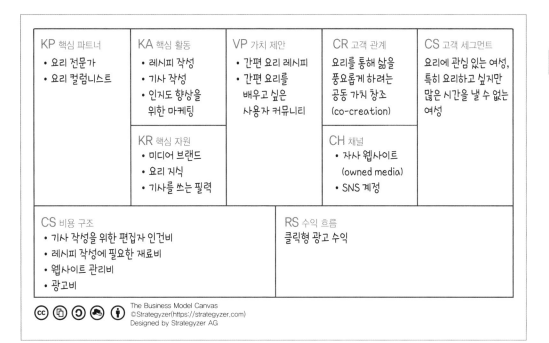

KP 핵심 파트너
• 요리 전문가
• 요리 컬럼니스트

KA 핵심 활동
• 레시피 작성
• 기사 작성
• 인지도 향상을 위한 마케팅

KR 핵심 자원
• 미디어 브랜드
• 요리 지식
• 기사를 쓰는 필력

VP 가치 제안
• 간편 요리 레시피
• 간편 요리를 배우고 싶은 사용자 커뮤니티

CR 고객 관계
요리를 통해 삶을 풍요롭게 하려는 공동 가치 창조 (co-creation)

CH 채널
• 자사 웹사이트 (owned media)
• SNS 계정

CS 고객 세그먼트
요리에 관심 있는 여성, 특히 요리하고 싶지만 많은 시간을 낼 수 없는 여성

CS 비용 구조
• 기사 작성을 위한 편집자 인건비
• 레시피 작성에 필요한 재료비
• 웹사이트 관리비
• 광고비

RS 수익 흐름
클릭형 광고 수익

The Business Model Canvas
©Strategyzer(https://strategyzer.com)
Designed by Strategyzer AG

제공하는 가치가 같아도 수익 구조는 여러 가지다

위의 예에서는 클릭형 광고로 수익을 올리게 돼 있는데, 레시피의 일부를 유료로 제공해 월정액 구독 모델로 제공하는 방법도 생각해볼 수 있다. 결국 '요리 레시피를 작성해 공개한다'라는 부분은 똑같지만, 수익을 올리는 방식은 여러 가지 방법이 있을 수 있다. 이미 존재하는 비즈니스 모델을 참고하면서 가장 좋은 수익화 방법은 무엇일까 검토해보자. 수익 흐름만 생각하면 그 밖의 요소나 필요한 자원을 조정해야 할 수도 있다는 점을 염두에 두자.

제품 판매형 비즈니스 모델을 생각한다

피혁 브랜드로 가방이나 지갑을 제작하고 판매하는 비즈니스를 생각해보자. 제품 판매형 모델은 대표적인 비즈니스 모델의 하나로 소재를 사서 가공한 후 판매하는 것을 기본으로 어떻게 부가 가치를 만들지, 경쟁사와 어떻게 차별할지 등을 생각해보자.

KP 핵심 파트너 재료 구입처	KA 핵심 활동 • 상품 개발 • 브랜드 관리	VP 가치 제안 좋은 가죽으로 만든 명품 가방과 구두 같은 패션 아이템	CR 고객 관계 • 긴밀하고 두터운 신뢰 관계를 구축 • 팬 고객 확보를 중시	CS 고객 세그먼트 멋지고 고급스러운 액세서리를 선호하는 20~30대
	KR 핵심 자원 • 제작기술 • 브랜드		CH 채널 • 직영점 • 온라인 쇼핑몰 • 팝업 스토어	

CS 비용 구조 • 재료 구입비 • 공방 관리비 • 창고 관리비	RS 수익 흐름 상품 판매비

The Business Model Canvas
©Strategyzer(https://strategyzer.com)
Designed by Strategyzer AG

이해 관계자를 가시화한다

가치 제공을 위해 필요한 9가지 요소가 정리되면 비즈니스 모델을 실현할 때의 이해관계자(stakeholder)를 확인한다. 이해관계자란 활동에 따라 직간접적으로 영향을 주고받는 사람을 의미한다. 고객이나 파트너는 물론, 거래처나 행정기관, 지역주민, 경쟁사 등 이해 관계에 있는 대상을 식별한다. 이해관계자의 상황이나 바람을 이해하고 제공하는 가치가 순환될 수 있는 최적의 형태는 무엇인지 생각한다.

비영리 모델을 생각한다

비즈니스 모델 캔버스는 영리 기업만 쓸 수 있는 것이 아니다. 비영리 단체나 공적 기관, 심지어 사내의 소규모 프로젝트에서도 활용할 수 있다. 다음은 헌옷을 해외 지원 물자로 재활용하는 비영리 단체의 비즈니스 모델을 예로 든 것이다.

KP 핵심 파트너	KA 핵심 활동	VP 가치 제안	CR 고객 관계	CS 고객 세그먼트
헌옷 수거함 설치 회사	• 헌옷 수거 • 헌옷 관리 및 배송	• 헌옷 자원 재활용과 환경보호 • 현지와 한국의 자원봉사자 간의 교류	문제 해결을 위한 공동 가치 창조 (co-creation) 커뮤니티	• 의류가 부족한 나라 • 입을 옷이 없어 곤란한 사람
	KR 핵심 자원 활동을 도와주는 자원봉사자		CH 채널 현지의 비영리 단체	

CS 비용 구조	RS 수익 흐름
• 의류 보관 및 관리비 • 활동을 알리기 위한 웹사이트 운영비	• 기부 • 크라우드 펀딩

The Business Model Canvas
©Strategyzer(https://strategyzer.com)
Designed by Strategyzer AG

활동에 필요한 자원을 생각한다

앞의 예에서는 자원의 흐름으로 기부와 크라우드 펀딩을 채택했다. 영리가 목적인 단체가 아니라곤 하나 어떤 활동을 하는 이상 거기에는 비용이 필요하고 그를 위한 자원의 흐름이 발생할 수밖에 없다. 그 밖에도 판촉활동의 일환인 이벤트 활동에서도 행사를 유지하기 위해 비용을 지불해야 하고 그를 위한 자원이 필요하다. 제공할 가치와 그 가치를 받을 대상자, 그러한 활동을 지속하기 위한 자원의 흐름을 의식하며 비즈니스 모델을 구상해보자.

다음은 '전략'에 대해 알아보자. 전략적 사고(사고법 ㉙ 참고)에서는 전략을 구상하는 방법으로 포터의 세 가지 기본 전략을 소개했다. 그 밖에도 다양한 기법이 있는데 여기서 몇 가지를 소개한다.

전략 캔버스로 차별화 전략을 생각한다

프랑스 INSEAD 경영대학원의 김위찬(W. Chan Kim) 교수와 르네 모보르뉴(Renée Mauborgne) 교수는 경쟁이 심한 시장(레드 오션)에 노력이나 자원을 투입하지 말고 경쟁이 없는 시장(블루 오션)에 주력하라는 블루 오션 전략을 소개했다. 요약하면 싸우지 않고 이기는 방법의 전략 이론에 관한 것으로 그러기 위해서는 경쟁사가 관심을 두지 않은 니즈나 제공 가치를 발굴해 사업을 전개해야 한다.

무주공산인 시장을 찾을 때 활용할 수 있는 기법이 전략 캔버스다.

전략 캔버스는 경쟁 요소를 추출한 다음, 경쟁사나 자사가 각각의 요소에 대해 어느 정도 주력하고 있는지를 가시화하는 기법이다. 수치가 높을수록 경쟁사가 그 요소에 힘을 쏟고 있다는 것을 알 수 있다. 이 기법은 시장에서의 경쟁 요소가 무엇인지 파악할 수 있을 뿐만 아니라 경쟁사가 어디에 투자하고 있는지 알 수 있는 장점이 있다. 경쟁사의 요소별 수치를 연결한 선(가치 곡선)이 자사와 일치하는 부분이 있다면, 곧 자사와 경쟁사가 치열한 경쟁 상황에 놓여 있음을

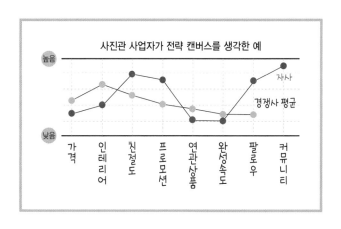

뜻한다. 각 요소의 어느 하나에서 차별화를 하거나 새로운 경쟁 요인을 찾아보면서 자사가 위치할 새로운 입지(포지션)는 어디인지 검토해보자.

차별화 아이디어를 낼 때는 '제거하기', '줄이기', '늘리기', '추가하기'의 4가지 방법이 도움이 된다. '제거하기', '줄이기'는 주로 비용 절감에, '늘리기', '추가하기'는 부가 가치 창출로 이어진다. 왼쪽 페이지의 사진관 사업자 예에서는 사진 애호가를 위한 커뮤니티로 부가 가치를 만들고 경쟁사와의 차별화를 꾀하고 있다. 자사가 속한 시장의 경쟁 요소를 확인하고 경쟁사와 구분되는 차별화 전략을 생각해보자.

앤소프 매트릭스로 사업 다각화 전략을 생각한다

기존 사업의 성장 전략을 생각하는 기법으로 '앤소프 매트릭스'를 소개한다. 이고르 앤소프(Igor Ansoff) 박사가 고안한 방법으로 '시장(고객)'과 '제품'을 '기존'과 '신규'로 구분해 전략의 방향성을 검토할 수 있다. 예를 들어 기존 시장의 점유율을 높이는 '시장 침투' 전략은 그 시장이 성장할 징후가 보일 때 위험은 낮고 실효성은 높은 방법이라 할 수 있다.

매트릭스 오른쪽 위의 기존 시장에 신규 제품을 내놓는 '신제품 개발' 전략은 기존 고객의 니즈를 분석하고 연관상품이나 업그레이드된 제품을 개발하는 것을 말한다. 이때는 기존의 고객 채널을 활용할 수 있다. 왼쪽 아래의 신규 시장에 기존 제품을 내놓는 '시장 개척' 전략은 기존 제품이 가진 기능이나 특성을 다른 니즈의 시장에 제공하는 방법이다. 가령, 지금까지 국내에만 유통하던 상품을 해외로 수출하는 경우가 이에 해당한다.

오른쪽 아래는 신규 시장에 신규 상품을 내놓는 '다각화' 전략은 기존 사업을 전개하면서 키워 온 경쟁 우위

		제품	
		기존	신규
시장	기존	시장 침투	신제품 개발
	신규	시장 개척	다각화

엔소프 메트릭스 개념도

성을 살려 새로운 상품이나 서비스를 검토하는 방법이다. 기존 사업을 되짚어보고 니즈와 시즈를 가시화한 다음, 기존 사업과 시너지(상승효과)를 낼 수 있는 새로운 전략을 생각해보자.

| 작게 시작해서 크게 키운다

3장에서는 가치의 창조, 비즈니스 모델, 전략이라는 키워드를 중심으로 '비즈니스에 필요한 사고법'을 다뤘다. 비즈니스 아이디어를 실천할 때는 '작게 시작하고 가설을 검증하며 크게 키운다'는 접근 방법을 염두에 둬야 한다.

너무 크면 움직이기 힘드니 시작은 작게 출발한다

사업이나 상품, 서비스를 생각하거나 사내에서 업무 개선 프로젝트를 수행하다 보면 전체적인 큰 그림을 그리다가도 내용이 점점 복잡해지거나 규모가 커지는 일이 생기기도 한다. 큰 비전을 가지는 것은 좋으나 기획이 커지면 커질수록 운영하거나 보완하는 비용도 함께 커진다. 우선은 움직이기 좋은 크기로 설계하고, 가설을 검증하면서 목표를 향해 단계적으로 확장해보자.

필요에 맞춰 기능과 크기를 확장한다

'상업시설의 여유 공간을 이벤트 장소로 대여하는 중계 서비스'가 있다고 하자. 작게 기획한다면 '여유 공간 보유자와 이벤트 대행사를 매칭한다'라는 기능이 실현 가능한지, 서비스 이용자의 니즈를 충족시킬 수 있는지에 초점을 먼저 맞춘다.

오른쪽은 초기 단계에서 작게 시작한 서비스를 점차 확장해 나가는 모습을 그림으로 표현한 것이다.

이벤트를 위한 각종 장비 대여나, 이벤트 소개용 웹사이트 제작 대행, 이벤트 사회자 중계와 같은 다양한 아이디어가 떠오를 수 있다. 하지만 '여유 공간 보유자와 이벤트 대행사를 매칭한다'라는 기능이 검증된 다음에 단계적으로 추가해도 늦지 않다. 이벤트를 하려는 목적과 과제, 쓸 수 있는 자원을 고려하면서 중요한 핵심은 무엇인가, 어떻게 가설을 검증하고, 어떻게 시작할 것인가를 생각해보자.

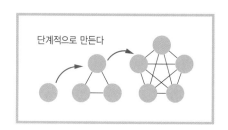

단계적으로 만든다

프로젝트의 추진력을 높인다

프로젝트의 추진력을 높인다

4장에서는 프로젝트를 수행할 때 도움이 되는 사고법을 설명한다. 프로젝트가 진행될 때는 다양한 상황이 있으므로 여러 상황에서의 관리 기법을 활용해보자.

목적과 계획을 세우고 일을 진행한다

프로젝트에는 목적이나 목표를 달성하기 위한 계획이 있다. 프로젝트팀은 **목적**을 달성하기 위해서 누가 어떤 역할을 할지, 언제까지 무엇을 할지에 대한 **계획**을 명확하게 설계하고 항상 구성원들 간에 정보를 공유하면서 자신의 담당 업무를 수행한다. 4장에서는 프로젝트 추진력을 높이기 위해 '업무 개선'과 '대인 관계'와 관련한 사고법을 살펴본다. '프로젝트'라는 말을 사용하지만 일회성 프로젝트가 아닌 연속되는 업무에서도 활용할 수 있다.

계획이 어긋날 때마다 지속해서 조정한다

계획을 아무리 정교하게 설계한다고 해도 계획대로 진행되는 경우는 거의 없다. 프로젝트를 올바른 방향으로 추진하기 위해서는 **계획을 반복해서 수정**해야 한다. 프로젝트 초기에 계획과 실적의 작은 차이를 방치하면, 후반부에는 회복이 불가능할 정도로 차이가 커져버린다. 같은 목표와 방향을 향해서 시작했지만, 프로젝트가 공중분해되는 일도 종종 일어난다. 커뮤니케이션도 마찬가지다. 멤버들

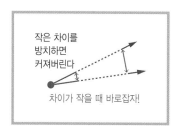

간의 작은 위화감이 있는 경우 초반에 서로 풀지 않으면 안 보이는 곳에서 축적되어 결국 돌이킬 수 없는 상태가 되기도 한다. 특히 여러 멤버가 협력해서 문제를 해결할 때는 현재 상황을 고려하여 과제의 목적과 골(Goal)을 설정해 나갈 필요가 있다. 비전이나 목적을 명확히 하는 사고, 계획과 현재의 차이를 가시화하여 계획을 수정해 나가는 사고력을 높여 나가자.

관점이 다를 수 있음을 받아들이고 차이를 조정한다

프로젝트와 관련된 멤버에게는 각자의 역할이 있으며 자신의 위치나 관점에서 사물을 생각한다. 일반적으로 경영진과 현장은 프로젝트를 바라보는 범위(경영진은 전체, 현장은 부분)나 기간(경영진은 장기, 현장은 단기)에서 차이가 난다. 역할을 분담하는 상황에서 이러한 차이가 생기는 일은 당연하며 그 자체가 나쁜 일도 아니다. 이런 생각이나 우선순위의 차이로 인해 서로 충돌하는 것은 건설적이지 않다. 프로젝트를 추진하는 입장이라면 각 계층의 의견을 경청하는 중재자(coordinator)의 역할이 필요하다.

커뮤니케이션하는 목적을 잊지 말아야 한다

공통의 목적을 위해 프로젝트를 추진하려면 사람과 사람 사이의 **커뮤니케이션**이 필수다. '경영진과 현장' 간의 종적인 커뮤니케이션, '부서와 부서'간의 횡적인 커뮤니케이션, 추가로 다른 회사와의 커뮤니케이션도 생각해야 하는 상황도 있을 것이다. 커뮤니케이션의 목적은 서로의 생각이나 사고, 의견을 전하고 공통의 이해나 합의 형성을 이루는 데 있다. 다양한 상대와 커뮤니케이션하는 경우에는 '자신과 상대는 다르다'는 인식을 가지는 것이 중요하다. '나에게 상식은, 상대에게 비상식'이라고 생각하는 경우도 적지 않다. 일반적으로 자신의 생각을 밀어붙이지 말고 상대의 이야기를 잘 듣고 공감을 바탕으로 그 위에 건설적으로 사물을 생각하는 자세를 유지해보자.

보이지 않는 부분에 상상력을 발휘한다

업무를 개선할 때나 커뮤니케이션을 생각할 때, 눈에 보이지 않는 부분까지 고려할 수 있느냐가 매우 중요하다. 눈에 보이는 것이나 말로 되어 있는 것, 이전 것까지 고려할 수 있는 **상상력**의 중요성을 염두하면서 4장을 읽어보자.

Why 사고(목적탐색)

목적과 수단이 잘 맞는지 생각한다

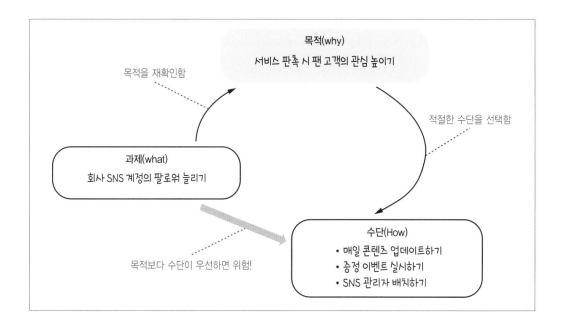

기본 정보

목적 사고란 목적과 수단의 차이를 의식하면서 사물을 생각하는 사고법이다. 목적이란 '최종적으로 달성하고 싶은 것', 수단이란 '목적을 달성하기 위한 방법'을 의미한다. 본래 문제 해결 절차는 목적이 있으면 그에 따라 과제가 생기고, 과제 수행을 위한 구체적인 수단을 생각한 후에 수행한다. 여기서 가장 중요한 것이 목적이다. 눈앞의 업무에 집중하다 보면 이들의 순서가 바뀌어 수단 자체가 목적이 되기도 한다. 수단 자체가 목적이 되면 성과가 나오지 않는 곳에 자원을 낭비할 수 있다. 그런 상황에 빠지지 않도록 항상 '왜 이것을 수행하는가?' 질문하고, 목적을 계속 명확히 하면서 목적과 수단을 좀더 조화롭게 최적화하는 것이 목적 사고다.

사고 방법

❶ 과제를 명확히 한다 수행하는 과제를 명확히 한다. 왼쪽의 예시는 '회사 SNS 계정의 팔로워 수 늘리기'를 과제로 설정하고 있다.

❷ 목적을 확인한다 과제를 수행하는 목적을 확인한다. 목적을 생각할 때에 유효한 질문은 'Why(왜 이것을 하는가)?'다. 왜(Why)를 물어봄으로써 목적, 의미, 배경, 장점 등을 명확하게 할 수 있다.

❸ 수단을 생각한다 목적을 확인하면, 그것을 달성하기 위한 구체적인 수단을 생각한다. 이때 'How(어떻게)?'를 생각하게 된다.

❹ 목적과 수단·과제를 최적화한다 목적과 수단의 최적화되었는지 확인한다. 목적과 수단 사이에 차이가 있거나 더 적절한 수단이 있다고 생각되면 수정해보자. 수행하려는 과제가 목적을 달성하는 데 적절하지 않다고 확인됐을 때는 과제 자체를 수정한다.

참고 상위 목적이 바뀌면 수단의 내용도 바뀐다

예를 들어 팬 고객의 관심을 끌기 위해 쓰는 기사와 신규 고객을 유치하기 위해 쓰는 기사는 내용이 다르다. 목적을 간과하면 적절한 수단을 고를 수 없고, 결국에는 성과를 내지 못한다. 경우에 따라서는 SNS에 힘을 쏟기보다 오프라인 이벤트에 주력하는 것이 목적 달성에 유리할 수 있다. 항상 목적을 확실하게 의식해야 함을 잊지 말자.

목적은 상위 목적을 위한 수단

수단과 목적은 세트다. 모든 목적은 그 상위의 목적에서 보았을 때 수단이다. 문제 해결에서 오른쪽 그림처럼 목적과 수단은 계층으로 되어 있다. 우선 최상위 목적을 확인하고, 각각의 목적과 수단을 세트로 함께 생각한다. 여러 사람이 논의할 경우에는 어느 계층에서 이야기하는지를 확인하는 것도 중요하다.

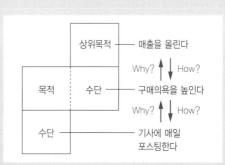

생산성을 더 높이기 위한 방법과 계획을 지속해서 개선한다

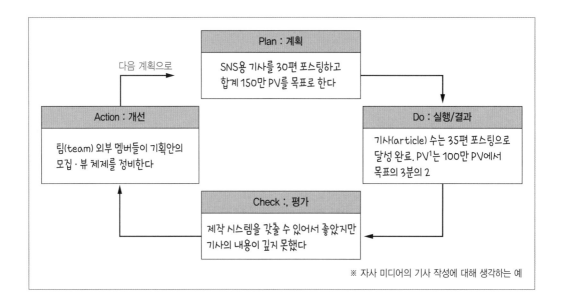

Plan : 계획

SNS용 기사를 30편 포스팅하고 합계 150만 PV를 목표로 한다

Do : 실행/결과

기사(article) 수는 35편 포스팅으로 달성 완료. PV¹는 100만 PV에서 목표의 3분의 2

Check :, 평가

제작 시스템을 갖출 수 있어서 좋았지만 기사의 내용이 깊지 못했다

Action : 개선

팀(team) 외부 멤버들이 기획안의 모집·뷰 체제를 정비한다

다음 계획으로

※ 자사 미디어의 기사 작성에 대해 생각하는 예

기본 정보

개선 사고란 계획과 결과의 차이를 가시화하여 갭을 좁히는 방법을 도출하고 실행함으로써 생산성을 높여가는 사고법이다. 1개 사이클에서 생성되는 가치와 성과를 높이는 것이 목적이다. 현재 상태보다 더 좋은 상태를 목표로 평가(Check)와 개선(Action) 사이클을 반복함으로써 생각과 행동을 지속해서 개선할 수 있다. 개선 사고에서는 효과적인 해결책을 생각하는 것뿐만 아니라 해결책을 '지속해서 개선한다'는 반복적인 생각을 계속한다는 점이 핵심이다. 여기서는 개선을 생각할 때 사용되는 대표적인 방법(method)인 PDCA 사이클을 채택한다. 계획(Plan)·실행(Do)·평가(Check)·개선(Action)의 프로세스에 따른 개선 사고의 흐름을 살펴보자.

---

1 PV: 페이지 뷰(page view)의 줄임말로 이용자가 웹 페이지를 열람한 수다. - 옮긴이

사고 방법

❶ **계획을 세운다**(Plan) PDCA는 계획 설정부터 시작한다. 무엇을 어떤 스케줄로 실행할 것인지를 정리해보자. 스케줄과 함께 목표도 설정해보자. 측정 가능한 수치를 목표로 설정하면 효과적인 회고를 할 수 있다.

❷ **실행하기**(Do) 계획을 실행한 후 결과를 가시화한다. 구체적으로 실행한 내용, 사건, 계획과의 차이를 정리한다.

❸ **평가한다**(Check) 결과를 평가한다. 잘된 점, 문제점의 원인을 분석해서 정리한다.

❹ **개선한다**(Action) 다음을 위한 개선책을 생각한다. 문제 중에서 멈춰야 할 것은 멈추고, 지속해서 고쳐야 할 점은 개선책을 생각한다. 좋았던 점 중에서도 그대로 똑같이 실행해야 하는 것과 개선해야 하는 것을 나누어 생각한다. 생각한 내용을 다음 계획에 반영하고, 위의 ❶~❹의 순서를 반복한다.

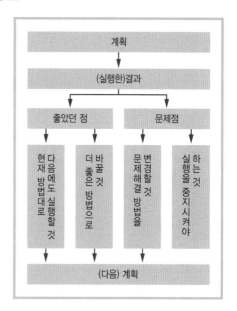

개선점을 도출하는 프레임워크 KPT

PDCA 사이클의 개선 활동에 활용할 수 있는 회고의 방법으로 'KPT'가 있다. 유지할 것(좋았기 때문에 유지함, Keep), 개선할 것(Problem), 새롭게 도전할 것(Try) 순서로 검토하여 다음에 더 높은 성과를 내는 방법을 생각한다.

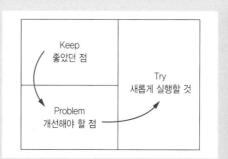

37 경험학습 모델

경험으로부터 배워서 다음에 활용한다

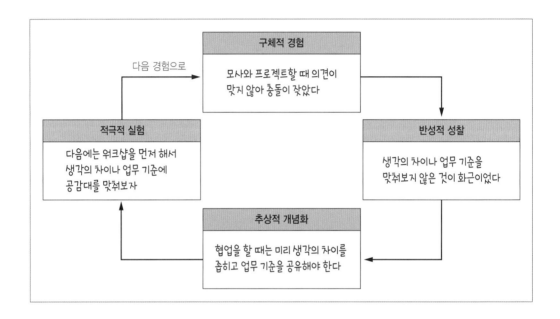

구체적 경험

모사와 프로젝트할 때 의견이
맞지 않아 충돌이 잦았다

다음 경험으로

적극적 실험

다음에는 워크샵을 먼저 해서
생각의 차이나 업무 기준에
공감대를 맞춰보자

반성적 성찰

생각의 차이나 업무 기준을
맞춰보지 않은 것이 화근이었다

추상적 개념화

협업을 할 때는 미리 생각의 차이를
좁히고 업무 기준을 공유해야 한다

기본 정보

사람은 문제 해결 과정을 통해 다양한 경험을 한다. 경험을 되돌아보고 다른 상황에서도 활용 가능하도록 이론화해서 배움으로 승화시킬 수 있다. 이처럼 경험으로부터 배우는 것을 경험 학습이라고 한다. 데이비드 콜브(David A. Kolb)가 만든 **경험학습 모델**(Experience Learning Model)은 '구체적 경험(Concrete Experience) → 반성적 관찰(Reflective Observation) → 추상적 개념화(Abstract Conceptualization) → 적극적인 실험(Active Experimentation)'으로 이루어진다. 쉽게 말하면 '경험하다 → 돌아보다 → 생각하다 → 행동하다'의 사이클이다. 새로운 기술(skill)의 학습은 물론, 이미 갖고 있는 기술이나 지식을 발전시키기 위해서도 활용할 수 있다. 개선 사고(사고법 ③⑥ 참고)는 활동 내용을 중시하는 반면 경험학습은 활동 주체인 개인과 조직의 학습을 중시한다.

사고 방법

❶ **구체적 경험을 한다**   업무나 활동을 통해 구체적인 경험을 쌓는 단계다. 활동 중에 한 일이나 말한 내용, 그로부터 얻은 결과에 주목한다.

❷ **반성적 관찰을 한다**   경험의 내용을 돌아보고 어떤 의미가 있었는지 생각한다. 좋았던 것, 나빴던 것, 그때 느꼈던 것을 되돌아보고, 그 이유나 그것들에 어떤 의미가 있는가에 주목한다.

❸ **추상적 개념화를 한다**   반성적 관찰에 의해서 얻은 내용을 지론화(자기 이론화)한다. 경험 속에서 '교훈'을 끌어내는 단계라고 할 수 있다. 배움을 추상화하고 다른 상황에서도 활용 가능하도록 일반화해보자. 또한 자기 혼자 생각하는 것보다 다른 사람에게 피드백을 받는다면 더 정확한 교훈을 얻을 수 있다.

> `참고` 지론화의 이미지
>
> 지론화를 할 때는 경험에서 요점을 파악하고 패턴을 관찰해보자(요점화,패턴화). 또한 일정한 공식(방정식)이나 규칙이 있는지(규칙화), 체크리스트나 프레임워크로 만들 수 있는지 살펴보고 그 경험을 미래에도 활용할 수 있도록 일반화해보자.

❹ **능동적 실험을 한다**   ❸의 지론을 살리고 다음의 액션(능동적 실험)을 생각한다. 이를 통해 다음의 구체적 경험을 얻을 수 있기 때문에 사이클을 반복한다.

학습하는 프레임워크 YWT[2]

회고를 활용하여 학습하는데 적합한 프레임워크가 한 것(Y) → 배운 것(W) → 다음에 할 것(T)의 순서로 되돌아 보는 'YWT[2]'다. 개선사고(❸❻)의 팁에서 소개한 'KPT'와 비슷한 기법이지만, YWT가 학습(learning)하는 데 더 포커싱되어 있다.

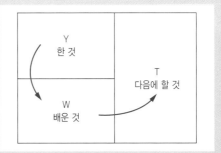

---

2 일본어 'やったこと(한 것)', 'わかったこと(배운 것)', 'つぎやること(할 것)'를 영어로 음차한 표현이다. – 옮긴이

38 이중순환 학습

사고방식 자체를 되돌아 보면서 사고의 수준을 높인다

변수의 회고	행동전략의 회고	얻은 결과
지역의 PR(홍보) 수단으로써 이벤트 개최가 최선인가?	목표했던 방문자 수를 달성하지 못했다	현지 지역의 PR 프로젝트를 시작했다
평가지표는 방문자 수가 알맞은가?	이벤트의 임팩트나 모집을 강화했어야 한다	방문자를 증가시키기 위한 이벤트를 기획 및 개최했다

기본 정보

조직 학습과 관련된 주요 개념으로 하버드비즈니스스쿨의 크리스 아지리스(Chris Argyris) 명예교수가 제시한 '단일순환 학습(Single-loop learning)'과 '이중순환 학습(Double-loop learning)'의 2개의 학습 프로세스가 있다. 단일순환 학습에서는 기존의 사고방식이나 프레임워크를 바꾸지 않고 사물의 개선점이나 학습한 것을 도출한다. **이중순환 학습**은 개선점과 학습한 내용을 대상으로 새로운 사고방식의 프레임워크를 적용하여 개선이나 학습의 가능성을 높인다.

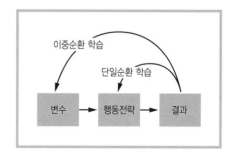

사고 방법

❶ 행동에서 얻은 결과를 정리한다　행동에서 얻은 결과를 정리하고, 활동하면서 경험하거나 성공하거나 실패한 것 등을 가시화한다.

❷ 행동 전략 레벨에서 돌아본다(단일순환 학습)　어떻게 하면 더 좋은 결과를 얻을 수 있는지에 대해 행동에서 개선책을 생각한다. 회고는 기존 사고 프레임워크로 PDCA(사고법 **36** 참고) 사이클을 돌리는 실무적인 개선루프이며, 개선이나 학습 대상은 '행동의 내용(어떻게 행동해야 하는가)'이 된다.

❸ 변수 수준까지 돌아본다(이중순환 학습)　**❷**의 행동 전략의 배경에 있는 사고방식이나 전제조건을 돌아본다. 행동 전략에서는 실무 문제의 해결책이나 개선 방법을 도출한다. 그보다 근본적인 관점인 변수 레벨에서 살펴보면 '설정한 과제나 목표는 적절한가?', '대처하려는 프로젝트 자체는 올바른가?', '평가 지표로 어떤 것을 설정했는가?'라는 질문을 하며 생각을 재구성한다. 행동의 내용보다 그 이전의 생각의 구조, 개선 방법, 학습 방법이 개선이나 학습의 대상이 된다. 때론 기존 사고방식을 버리고 완전히 새로운 사고방식으로 전환(transformation)할 수 있는 추진력도 요구된다.

❹ 다음 행동을 결정한다　각 레벨(단일순환과 이중순환)에서 회고를 반복해 학습한 내용을 정리하고 다음 행동으로 옮긴다. 이후에는 '행동 → 행동 전략 되돌아보기 → 변수 되돌아보기' 과정을 반복한다.

학습을 위한 학습이라는 사고방식

이중순환 학습은 '학습을 위한 학습'을 하기 위한 방법이다. '어떻게 학습할 것인가'를 학습하고 '어떻게 평가할 것인가?'에 대해 평가하고 '어떻게 회고할 것인가?'를 회고하며 '어떻게 생각할 것인가?'의 관점에서 생각한다. 조직이 지속해서 성장하려면 스스로 질문하는 자기 성찰의 사고가 필요하다.

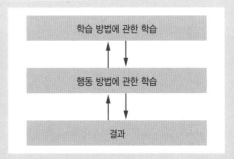

39 프로세스 사고

결과뿐만 아니라 과정이나 공정에도 초점을 맞춘다.

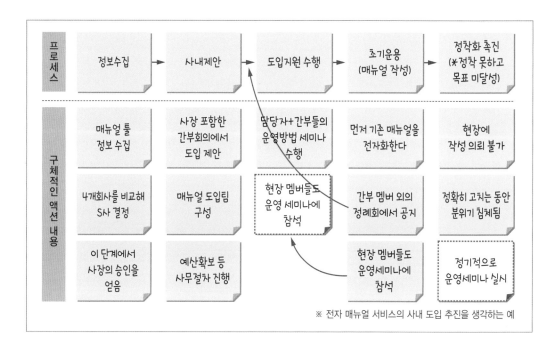

프로세스	정보수집	사내제안	도입지원 수행	초기운용 (매뉴얼 작성)	정착화 촉진 (*정착 못하고 목표 미달성)
구체적인 액션 내용	매뉴얼 툴 정보 수집	사장 포함한 간부회의에서 도입 제안	담당자+간부들의 운영방법 세미나 수행	먼저 기존 매뉴얼을 전자화한다	현장에 작성 의뢰 불가
	4개회사를 비교해 S사 결정	매뉴얼 도입팀 구성	현장 멤버들도 운영 세미나에 참석	간부 멤버 외의 정례회의에서 공지	정확히 고치는 동안 분위기 침체됨
	이 단계에서 사장의 승인을 얻음	예산확보 등 사무절차 진행		현장 멤버들도 운영세미나에 참석	정기적으로 운영세미나 실시

※ 전자 매뉴얼 서비스의 사내 도입 추진을 생각하는 예

기본 정보

프로세스 사고란 결과만 보는 것이 아니라 결과에 이르기까지의 과정 자체도 중요하게 생각하는 사고법이다. 비즈니스에서 결과가 중요한 것은 분명하지만, 최종적인 목표 달성의 성공 여부만을 평가하고 과정을 되돌아보지 않으면 그 또한 위험하다. 결과만 중요하게 여기면 과정으로부터 얻을 수 있는 개선책을 이끌어내지 못해 다음을 위한 발전이 불가능하기 때문이다. 최종 결과에 이르기까지 어떤 프로세스를 거쳤는지, 부분적인 프로세스 안에서 어떤 행동을 했는지를 가시화하고 구체적인 평가를 통해 개선책을 생각해야 한다. 이런 활동은 자신의 업무 내용을 설계하거나 개선할 때는 물론 타인에 대한 평가나 피드백을 할 때에도 중요하다.

사고 방법

❶ 목표와 결과를 가시화한다 사전 계획에서 세운 목표와 실제 결과를 파악한다. 예를 들어 '전자 매뉴얼 툴을 도입해 연수 비용을 50% 절감한다'라는 목표를 수립했다면 실제로 전자 매뉴얼을 도입했는지, 연수 비용 50% 절감을 달성했는지를 확인한다.

❷ 프로세스와 활동을 가시화한다 결과를 파악했다면 결과에 이르기까지 어떤 과정을 거쳤는지 가시화한다. 처음에는 대략적인 과정을 가시화하고, 다음에 각 과정 안에서 구체적으로 어떻게 행동(Action)했는지 도출한다.

❸ 평가한다 프로세스의 좋고 나쁨을 평가한다. 프로세스의 흐름(flow)이 적절했는지, 넘치거나 부족한 점은 없었는지, 더 좋은 방법은 없는지 생각한다. 또 구체적인 활동에 대해서도 평가한다. 예컨대 '도입 지원 수행' 프로세스에서 적절한 활동을 수행하고 있는지, 기간이나 타이밍은 적절한지에 대한 좋고 나쁨을 평가한다.

❹ 개선책을 도출한다 **❸**의 평가에서 더 잘할 수 있는 방법을 도출하고, 다음 활동까지 생각한다. 왼쪽 페이지의 예를 볼 때, 매뉴얼을 도입하려고 한 것이나 결재 받을 때까지의 방법은 좋았지만 현장 전파에 관한 전망이 안일해 실패했다. 거기서 '간부 이외의 멤버들에게 공지의 타이밍을 앞당긴다', '현장 멤버에게 정기적인 운영 세미나를 개최한다' 등의 개선책을 도출하고 있다. 이처럼 한번 실패했다고 해서 회고나 개선책을 도출하는 활동을 중지하지 않는 것이 중요하다.

건설적인 '부분 부정'이 개선의 열쇠가 된다

'전체 부정'은 사고 자체를 정지시키는 근원이다. 과정을 성실히 수행한 결과라면 모든 과정이 100% 잘못될 수는 없다. 잘된 점, 문제점을 적절히 나누고 분석해 진정한 문제점을 가시화하고 공유할 수 있도록 노력해 보자. 전체 부정이 아닌 정확한 부분 부정은 사고를 촉진한다.

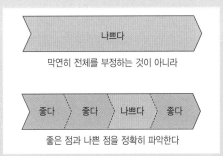

영역을 초월한 사물의 연결을 생각한다

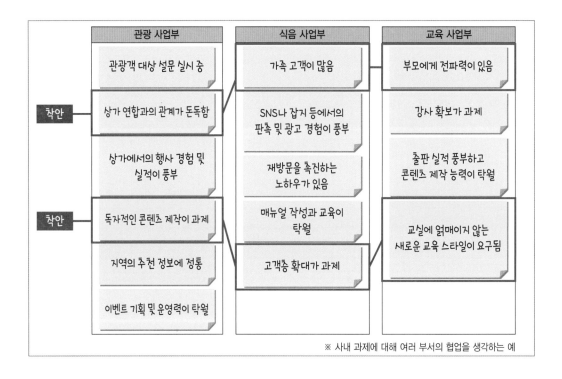

관광 사업부	식음 사업부	교육 사업부
관광객 대상 설문 실시 중	가족 고객이 많음	부모에게 전파력이 있음
상가 연합과의 관계가 돈독함	SNS나 잡지 등에서의 판촉 및 광고 경험이 풍부	강사 확보가 과제
상가에서의 행사 경험 및 실적이 풍부	재방문을 촉진하는 노하우가 있음	출판 실적 풍부하고 콘텐츠 제작 능력이 탁월
독자적인 콘텐츠 제작이 과제	매뉴얼 작성과 교육이 탁월	교실에 얽매이지 않는 새로운 교육 스타일이 요구됨
지역의 추천 정보에 정통	고객층 확대가 과제	
이벤트 기획 및 운영력이 탁월		

착안 / 착안

※ 사내 과제에 대해 여러 부서의 협업을 생각하는 예

기본 정보

횡단적 사고란 여러 개의 다른 영역이나 분야, 부문, 담당 범위에 걸쳐 생각하는 사고법이다. 여러 영역에 공통되는 요소나 서로 보충하는 요소에 중점을 두어 '연결하는' 사고다. 다른 영역을 연결하는 과정에서 콜라보레이션(공동의 이익 창조)이나 시너지가 생기면서 문제 해결이 촉진된다. 하나의 분야에서 일을 세분화하고 전문성을 높이는 것만으로는 해결할 수 없고 복수의 전문성을 조합해야 하는 상황에서 유효한 사고다. 요즘에는 여러 요인이 복잡하게 얽혀 있는 문제를 해결해야 하는 상황들이 많다. 사업 단위, 부서 단위, 개인 단위 등, 여러 레벨에서 중요시되는 사고라고 말할 수 있다.

사고 방법

❶ 서로 다른 영역을 안다 각각의 영역에 대하여 특성, 강점과 약점, 진행 중인 과제, 발전하고 있는 스킬과 문화에 대한 이해가 깊어진다. 예를 들어 자신이 관광 사업을 담당하고 있다면 다른 사업부(예를 들어 음식 사업이나 교육 사업)의 과제나 활동을 알려고 노력해보자.

❷ 영역 사이에 있는 공통점, 차이점을 생각한다 각각의 영역 사이에 어떤 공통점이 있거나 다른 점은 무엇인지를 생각한다. 같은 과제를 진행하고 있지 않은지, 공통되는 목적은 없는지, 어떤 영역에는 있고 다른 영역에는 없는 강점이나 노하우는 없는지 생각한다.

❸ 횡단 아이디어를 생각한다 다른 영역을 넘나듦으로써 효과를 발휘하는 아이디어를 생각한다. 콜라보레이션(공동의 이익 창조)이나 시너지(상승효과)를 생산하는 방법을 생각하는 것이 핵심이다.

> **예** 횡단 아이디어를 생각하는 방식
> • 서로의 강점을 살릴 수는 없는가?
> • 강점으로 약점을 보완할 수 없는가? (공헌할 수 없는가?, 도움을 청할 수 없는가?)
> • 자원(보유하는 사람·물건·돈·정보)을 공유할 수 없는가?
> • 새로운 논점을 찾을 수 없을까? (전문성을 결합한 도전적인 과제는 없는가?)

❹ 횡단 팀에서 실행한다 아이디어를 구체화해서 실제 횡단팀을 편성하여 실행한다. 프로젝트를 진행할 때는 각 팀, 영역마다 전제나 제약이 다른 점을 주의한다.

4 장 / 프로젝트의 추진력을 높인다

전문성과 제휴 능력

사업을 운영할 때는 분야의 전문성을 깊게(vertical) 파고들뿐 아니라 넓게(hotizontal) 전개하고 제휴할 수 있어야 한다. 다양한 영역의 지식과 제약을 이해해 영역 간 연결고리의 역할을 해낼 수 있는 능력이 필요하다.

전문성을 연결하는 제휴력을 기른다		
영역A	영역B	영역C
지식	지식	지식
경험	경험	경험
역량	역량	역량

전문성을 높인다 ↓

41 GTD

해야 할 일을 분류하여 머릿속을 맑게 한다

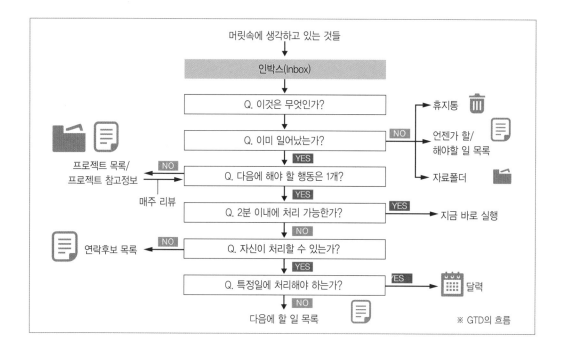

머릿속에 생각하고 있는 것들

인박스(Inbox)

Q. 이것은 무엇인가? → 휴지통

Q. 이미 일어났는가? [NO] → 언젠가 할/해야할 일 목록

YES → 자료폴더

프로젝트 목록/프로젝트 참고정보 [NO] Q. 다음에 해야 할 행동은 1개?

매주 리뷰

YES

Q. 2분 이내에 처리 가능한가? [YES] → 지금 바로 실행

[NO]

연락후보 목록 [NO] Q. 자신이 처리할 수 있는가?

YES

Q. 특정일에 처리해야 하는가? [YES] → 달력

[NO]

다음에 할 일 목록

※ GTD의 흐름

기본 정보

GTD(Getting Things Done)란 데이비드 앨런(David Allen)이 제시한 태스크 관리 기법으로 머릿속에 넘치는 정보를 정리하기 위한 개념이다. 생각할 것이나 떠오르는 일을 눈앞의 상황 처리에 급급해 즉흥적으로 관리하지 않고, 일정한 사고 프로세스를 이용해 관리하고 우선순위를 결정하는 기법이다. 복잡한 머릿속을 정리하고 지금 생각해야 할 일에 집중할 수 있는 것이 GTD를 활용하는 장점이다. 생각의 흐름은 '파악 → 확인 → 정리 → 갱신 → 선택'의 5단계다. 먼저 머릿속에 떠오른 생각을 인박스(inbox)라는 정보 저장소에 넣고 정해진 흐름에 따라 분류하고 실행한다. 인박스, 각 폴더와 목록을 준비해서 GTD를 실행해 보자.

사고 방법

❶ 파악한다 하고 싶은 것, 할 것 등, 신경 쓰고 있는 일을 써서 밖으로 꺼내 인박스 저장소에 일단 넣는다. 인박스는 종이나 메모지, 포스트잇 같은 아날로그 툴이나 메모 앱 등의 디지털 툴 중 아무거나 상관없다.

❷ 확인한다 인박스에 모은 것을 체크하고 각각 무엇을 의미하는지, 실행하기 위해 구체적으로 어떤 행동이 필요한지를 도출한다. 왼쪽 페이지의 그림의 흐름도(flowchart)의 중심에 있는 6개의 질문에 따라 바깥쪽의 8가지 카테고리로 분류한다.

❸ 정리한다 '휴지통', '언젠가 할/해야 할 일 목록', '자료 폴더', '프로젝트 목록', '지금 바로 실행', '연락 후보 목록', '달력', '다음에 할 일 목록'으로 분류할 수 있다면, 중복된 내용이 없는지 체크하고 정리한다. 더불어 GTD에서 말하는 '프로젝트'는 여러 단계의 태스크가 필요한 것을 의미하며 일반적인 프로젝트보다 단기적인 경우도 많다. 예를 들어 사내 스터디 모임 개최'라는 태스크 안에 '내용 검토', '강사 선정', '회장 확보' 등 여러 하위 태스크가 있다면, '사내 스터디 모임의 개최'라는 별도의 프로젝트를 생성해서 관리한다.

❹ 갱신한다 각각의 목록과 폴더에 있는 내용을 정기적으로 갱신한다.

❺ 선택한다 갱신할 때 상황, 가용한 시간이나 자원, 우선순위를 생각하고, 실제 실행할 활동을 선택하고 실행한다.

인박스는 일원화한다

인박스를 준비하지 않은 상태에서 시작하거나, 인박스 툴이 여러 개라서 정보가 제각각인 상태에서는 GTD를 잘 활용할 수 없다. 노트나 메모 앱이든 자신이 사용하기 쉬운 인박스를 준비하고 일원화하여 관리할 수 있는 체제를 만들자.

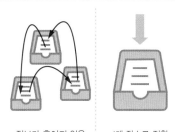

정보가 흩어져 있음   1개 장소로 집합

자신이 할 수 있는 문제의 우선순위를 높여서 생각한다

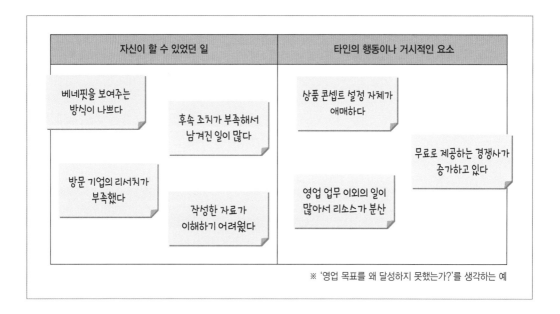

자신이 할 수 있었던 일	타인의 행동이나 거시적인 요소
베네핏을 보여주는 방식이 나쁘다	상품 콘셉트 설정 자체가 애매하다
후속 조치가 부족해서 남겨진 일이 많다	무료로 제공하는 경쟁사가 증가하고 있다
방문 기업의 리서치가 부족했다	영업 업무 이외의 일이 많아서 리소스가 분산
작성한 자료가 이해하기 어려웠다	

※ '영업 목표를 왜 달성하지 못했는가?'를 생각하는 예

기본 정보

문제의 원인이 자신 이외의 다른 사람에게 있다면 타책(他責), 반대로 '자신'에게 그 원인이 있으면 자책(自責)이라고 한다. **자책적 사고**란 자신에게 문제가 있는지 먼저 생각하는 사고다. 예를 들어 고객이 클레임을 제기한 경우, '상사나 부하의 대응에 문제가 있던 것은 아닌가?'라고 생각하는 것이 타책 사고, '자신의 대응이나 후속 조치(follow-up)에 문제가 있던 것은 아닌가?'라고 생각하는 것이 자책적 사고다.

타책 사고와 자책적 사고는 둘 다 필요하지만 '자책을 수반하지 않는 타책'에는 문제가 있다. 문제의 원인이 내게 없다고 함으로써 자기 밖에서 찾게 돼, 다음 행동 즉 해결책을 세우기도 어려워지기 때문이다. '내가 할 수 있는 일이 무엇일까?'라는 질문을 하면서 문제를 파악하고, 먼저 부분적으로라도 상황을 바꾸어 가면서 문제 전체를 해결하는 것이 중요하다.

사고 방법

❶ 문제를 식별한다　해결하고 싶은 문제를 써낸다.

❷ 문제가 자신에게 있는지 아닌지 분류한다　써낸 문제 중에서 자신이 할 수 있던 것과 다른 사람의 행동이나 거시적인 요소가 원인인 것을 분류한다. 자신이 제어 가능한 요인의 유무와 그 내용에 집중해야 한다. '경쟁사 움직임', '업계의 구조'는 자신이 짧은 기간에 바꿀 수 없지만, 개별적으로 보면 제어할 수 있는 부분이 있을 수도 있다. 가령 방문기업의 리서치나 영업 후속 조치에 대한 본인의 자세 등 스스로 바꿀 수 있는 것도 많다.

❸ 자신이 할 수 있는 것을 생각한다　자신이 해결할 수 있을 만한 요인의 해결책을 생각하고 실행한다. '나는 무엇을 할 수 있는가?', '나는 어떻게 기여할 수 있는가?', '우선 무엇부터 바꿀 수 있는가?'라는 질문으로 생각한다.

❹ 협력으로 해결 가능한 일을 생각한다　자신이 할 수 있는 것을 분류하고 해결하면서 '나 혼자서는 해결할 수 없지만, 다른 사람의 도움을 받으면 해결할 수 있는 문제'의 해결책을 생각하고 필요한 사람에게 도움 받으면서 문제를 해결해 나간다.

❺ 거시적인 문제의 해결책을 생각한다　자신이 해결할 수 있는 문제, 협력으로 우리끼리 해결할 수 있는 문제를 해결하면서 거시적인 문제로 눈을 돌린다. '업계 자체의 문제 구조를 해결할 수 없을까?', '세상 전체의 문제를 해결할 수 없을까?' 식으로 자신이 생각하는 범위를 넓힌다.

4장 / 프로젝트의 추진력을 높인다

바꿀 수 있는 '부분'부터 바꾼다

자책적 사고는 스스로 바꿀 수 있는 요소에 먼저 집중하는 것이 가장 중요하다. 자신이 담당하는 업무의 내용이나 규모에 맞추어 먼저 바꿀 수 있는 부분부터 바꾸면서 전체로 확장시킨다. 언뜻 보면 다른 사람이나 거시적인 요소가 원인이라고 생각되는 문제라도 분해하여 자신이 할 수 있는 부분을 찾아보자.

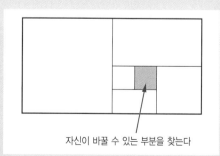

자신이 바꿀 수 있는 부분을 찾는다

메리트나 강점 등 사물의 적극적인 면을 중시한다

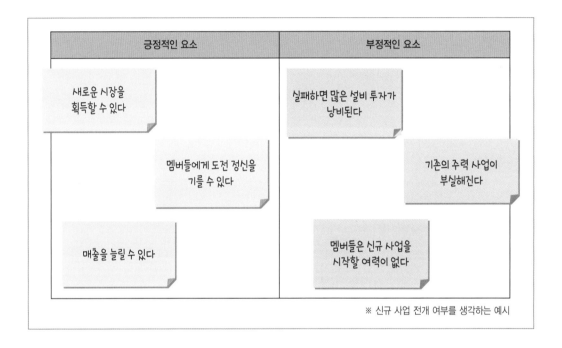

긍정적인 요소	부정적인 요소
새로운 시장을 획득할 수 있다	실패하면 많은 설비 투자가 낭비된다
멤버들에게 도전 정신을 기를 수 있다	기존의 주력 사업이 부실해진다
매출을 늘릴 수 있다	멤버들은 신규 사업을 시작할 여력이 없다

※ 신규 사업 전개 여부를 생각하는 예시

기본 사고

사물에는 긍정적인(positive) 면과 부정적인(negative) 면이 있다. 긍정적인 면을 중시하는 생각이 **긍정적 사고**다. 사물의 리스크나 문제에만 집중해서 아이디어 내기를 포기하는 것이 아니라 얻을 수 있는 가치에 주목한다. 약점 때문에 소극적인 자세를 취하는 대신, 강점을 최대한 살리는 방안을 먼저 생각한다. 긍정적인 사고라 해서 '부정 = 악'으로 단정 짓지는 않는다. 부정적인 요소를 배제하는 것은 무모한 행동이다. 사물을 볼 때 긍정적인 요소와 부정적인 요소를 정확히 파악한 후, 긍정적인 요소를 활용하는 방법을 생각해 내야 한다. 사람의 경우에도 부정적인 사람보다 긍정적인 사람에게 모여들게 마련이다. 긍정적인 사고는 사람을 끌어당기면서 문제 해결에 도전하는 리더에게 특히 필요한 사고법이다.

사고 방법

❶ 긍정적인 요소를 가시화한다   사고 대상의 긍정적인 요소에 대해서 생각한다. '좋은 점', '이득', '강점', '가능성'에 주목하여 적극적인 자세로 생각한다. 왼쪽 페이지의 예는 신규 사업을 시작할지에 대해서 생각하고 있고, '새로운 시장을 확보할 수 있다', '멤버에게 도전 정신을 키울 수 있다'라는 요소를 도출했다.

❷ 부정적인 요소를 가시화한다   부정적인 요소의 존재 가능성도 생각한다. '문제점', '단점', '약점', '어려움'에 주목하여 불안한 점들을 가시화한다.

> **참고** 가점법과 감점법
> 긍정적인 요소를 가시화할 때는 가점법(加点法), 부정적인 요소를 가시화할 때에는 감점법(減点法)을 사용한다고 생각하면 된다. 한쪽으로 치우치기 쉽다고 생각되면 가점법과 감점법을 모두 사용해 보자.

❸ 긍정적인 요소를 활용하는 방법을 생각한다   긍정적인 면과 부정적 면을 파악하면, 최대한 긍정적인 요소를 활용할 방법을 생각한다. '어떻게 기회를 활용할 것인가?', '어떻게 하면 더 좋은 결과를 얻을 수 있을까?'와 같이 긍정적인 질문을 만들어서 생각한다.

❹ 부정적인 요소를 보완하는 방법을 생각한다   부정적인 요소를 보완하는 방법을 생각한다. 긍정적인 요소를 더욱 살리기 위해서는 부정적인 요소를 준비해 두는 것도 중요하다.

긍정적인 생각과 부정적인 생각

이미 언급했듯이 부정적인 요소 자체는 나쁜 것이 아니다. 리스크를 관리할 때 부정적인 면을 제대로 볼 수 있는 능력은 중요하다. 아이디어를 발상할 때는 긍정적인 시점, 실행 단계에서 신중함이 필요할 때는 부정적인 시점을 함께 생각해야 한다.

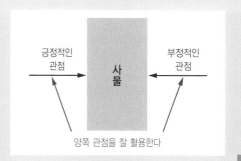

4장／프로젝트의 추진력을 높인다

44 ABC 이론

'해야 한다'는 신념을 확인하고 생각과 행동을 가다듬는다

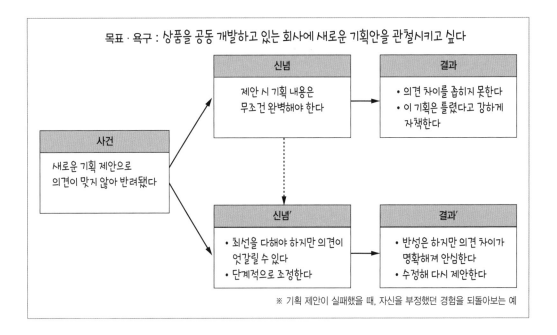

목표 · 욕구 : 상품을 공동 개발하고 있는 회사에 새로운 기획안을 관철시키고 싶다

신념

제안 시 기획 내용은 무조건 완벽해야 한다

결과

• 의견 차이를 좁히지 못한다
• 이 기획은 틀렸다고 강하게 자책한다

사건

새로운 기획 제안으로 의견이 맞지 않아 반려됐다

신념'

• 최선을 다해야 하지만 의견이 엇갈릴 수 있다
• 단계적으로 조정한다

결과'

• 반성은 하지만 의견 차이가 명확해져 안심한다
• 수정해 다시 제안한다

※ 기획 제안이 실패했을 때, 자신을 부정했던 경험을 되돌아보는 예

기본 정보

ABC 이론은 사건과 결과 사이의 '신념'에 따른 해석의 차이가 존재하고 그 차이에 따라 결과가 좌우된다는 이론이다. 앨버트 엘리스(Albert Ellis)는 논리적으로 생각할 때의 중심적인 요소로 'Activating Event(사건)', 'Belief(신념)', 'Consequence(결과)'가 있는데, 세 가지를 ABC 이론이라 부른다. 같은 일을 겪어도 사람에 따라 느끼는 감정이나 행동이 다를 수 있다. 차이의 배경에는 무의식의 신념이 영향을 주고 있다고 생각한다. '(무언가를)해야 한다는 생각'처럼 비합리적인 생각을 구분해내고, 적절한 감정과 부적절한 감정을 구분해서 행동이나 생각을 수정한다. 자신 또는 팀원이 너무 많은 걱정이나 두려움을 느끼거나 우울할 때 유효한 사고법이다.

사고 방법

❶ **목표와 욕구를 써낸다** 목표나 욕구 등, 원하는 것이나 상태를 써낸다. 성공이나 승인을 받고 싶은 것에 주목한다.

❷ **방해되는 일을 써낸다** ❶의 내용을 진행할 때 방해되는 일을 써낸다. 특히 실패했던 일이나 다른 사람들에게 거절당했던 일에 주목한다.

❸ **결과를 써낸다** 방해되는 일의 결과로 그때 어떤 감정이었는지, 어떤 정서적 변화가 생겼는지, 어떤 의사 결정으로 이어졌는지를 써낸다.

❹ **신념을 언어화한다** 사건과 결과 사이에 있는 신념을 언어화(의식화)한다. 신념이란 자신이 믿는 가치관, 사고 방법, 견해, 인지, 의미, 철학, 태도 등을 말한다. 대체로 사물을 대하는 방법이나 느낌이다. 자기 혼자서 신념을 언어화하기 어려우면, 신뢰하는 사람에게 도움을 요청해 보자.

❺ **신념이 적절한지 확인한다** 언어화(의식화)한 신념 중에서 필요 이상으로 자신을 부정하거나 비관적인 것은 없는지 점검한다. 예를 들어 '해야 한다'나 '절대로'와 같이 당위성이 있거나, 성급한 일반화로 의무화된 것을 찾자. 신념이 정말 옳은지, 반드시 해야 하는 것인지, 자신의 행복이나 일의 능률을 높이는 데 도움이 되는지를 되물어본다.

❻ **부적절한 신념은 보완한다** 자신을 괴롭히는 신념을 건전한 신념으로 바꾼다.

'해야 한다'는 신념을 정리해 본다

신념은 대부분 무의식적이라서 곧바로 의식화할 수 없다. 감정이나 기분이 움직일 때, 의견이 나뉠 때, 생각이 혼란스러울 때, 그 배경에 어떤 '해야 한다(must-have)'는 신념이 있는지를 평소에 말로 표현해두면 사고할 때 도움이 된다. 오른쪽 그림을 참고하자.

- 리더는 모든 일을 완벽히 해내야 한다.

- 아이디어는 언제나 유일(ugique)해야 한다.

- 누구나 사회에 공헌하는 큰 꿈이 있어야 한다.

137

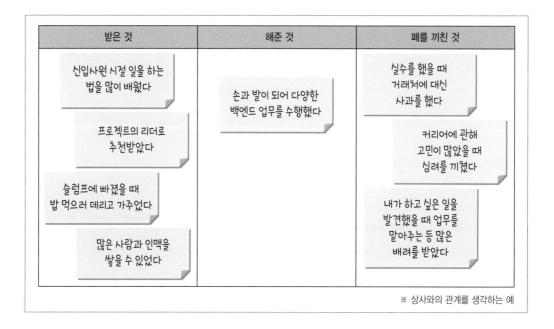

받은 것	해준 것	폐를 끼친 것
신입사원 시절 일을 하는 법을 많이 배웠다	손과 발이 되어 다양한 백엔드 업무를 수행했다	실수를 했을 때 거래처에 대신 사과를 했다
프로젝트의 리더로 추천받았다		커리어에 관해 고민이 많았을 때 심려를 끼쳤다
슬럼프에 빠졌을 때 밥 먹으러 데리고 가주었다		내가 하고 싶은 일을 발견했을 때 업무를 맡아주는 등 많은 배려를 받았다
많은 사람과 인맥을 쌓을 수 있었다		

※ 상사와의 관계를 생각하는 예

기본 정보

자기 회고법(内観法)이란 자신의 내면을 관찰하고 나를 알기 위한 사고법이다. 정토진종[3]의 분파로부터 전해지는 정신수양법을 바탕으로 한 사고방식으로 현재는 심리요법에서 사용되는 방법이다. 직장 동료나 상사 등 주변 인물과의 관계에서 내가 '받은 것', '해준 것', '폐를 끼친 것'의 세 가지 항목으로 돌아본다. 세 가지 항목을 생각하면서 다른 사람에게 감사할 점이나 미안했던 점에 주의를 기울인다. 그러면 인간관계나 커뮤니케이션 문제에 대해 자신에게도 되돌아볼 점이 있다고 깨닫게 된다. 깨달음이나 변화가 문제의 해결이나 관계의 개선으로 이어지기도 한다. 조용히 집중할 수 있는 곳에서 1주일 정도 실행하는

---

3 정토진종(浄土真宗)은 일본의 불교 종파 중 하나로 신란(親鸞: 1173~1262)이 호넨(法然: 1153~1212)의 가르침을 계승하여 창립하였다. - 옮긴이

방법도 있지만, 여기서는 그런 생각을 매일 돌아보는 회고나 자기 성찰의 방법으로 활용할 수 있도록 대략적인 흐름을 소개한다.

사고 방법

❶ 관련된 사람을 설정한다　평소 일이나 생활에서 관련된 사람을 떠올리며, 관계를 개선하고 싶은 사람이나 현재의 문제와 관련된 사람을 설정한다.

❷ 받은 것을 회고한다　❶의 사람에게 지금까지 내가 '받은 것(신세 진 것)'을 생각하고 노트와 메모 등에 써낸다. 감사한 마음을 되돌아본다.

❸ 해준 것을 회고한다　받은 것과는 반대로 상대방에게 내가 '해 드린 것(해 준 것)'을 생각한다. 자신이 어떤 일로 다른 사람에게 기여할 수 있는지 생각해 보자.

❹ 폐를 끼친 것을 회고한다　다음은 상대방에게 '폐를 끼친 것'을 생각한다. 힘들게 한 것, 걱정을 끼친 것 등에 주의를 기울인다. 그 당시에 상대방의 기분이 어땠는지도 함께 생각하고 써낸다. 자신의 행동이나 사고방식에도 문제가 없었는지, 있었다면 무엇이 문제였는지를 생각한다.

❺ 변화나 깨달음에 주의를 기울인다　❷~❹의 자기 회고를 하면서 생겨난 상대에 대한 감정이나 인식의 변화, 자신의 언행이나 생각의 변화, 깨달음을 살펴본다. 여기서 얻은 변화나 깨달음을 향후 다른 사람과 커뮤니케이션을 하거나 관계를 구축할 때 활용할 수 있도록 생각해 보자.

남을 용서할 수 있어야 나를 용서할 수 있다

타인에게 감사의 마음을 가지면 타인을 받아들이고 용서로 이어진다. 이것은 자신을 용서하는 것으로도 이어진다. 반대로 다른 사람의 잘못에만 주목하면 자신의 일도 인정하기 어려워진다. 서로 부정하기보다 서로 인정하고 활용하는 길을 생각해야 한다.

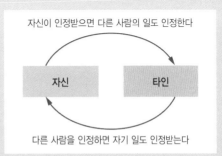

자신이 인정받으면 다른 사람의 일도 인정한다

자신　　타인

다른 사람을 인정하면 자기 일도 인정받는다

46 상대적 사고

상대적 사고
....
점이 아닌 선으로 생각한다

주장 : 직원을 마음 편히 자유롭게 함으로써 성장하게 한다		
대상자	상황	접근법
창범	아직 기본적인 지식과 기술이 부족하다	• 먼저 기초학습의 기회가 필요하다 • 기초를 다지고 OJT를 받게 한다
현재	기본적인 지식이나 기술은 있으나 경험치가 아직 부족하다	맡기고 싶은 일이 있을 때 본인의 의사를 확인하기 위해 들어본다
지우	• 지식, 기술 모두 숙련도가 없다 • 동기부여도 높은 상태다	어느정도 자유롭게 결정권을 부여하고 프로젝트를 맡겨 본다
현경	• 지식, 기술 모두 숙달된 수준이다 • 젊은 사람 육성에 흥미가 있는 것 같다	• 어느 정도 자유롭게 활동하게 한다 • 교육에 종사하면서 스킬업을 목표로 한다

숙련도 (낮음) ◄──────── 창범 ┃ ──── 현재 ┃ ──────── 지우 ┃ ── 현경 ┃ ──► 숙련도 (높음)

이 레벨 이상은 자유롭게 하면 효과가 높다

기본 정보

상대적이란 사물이 서로 비교되는 관계에 있는 상태를 말한다. 반대로 다른 사물과 비교하지 않고 제약받지 않는 상태를 절대적이라고 한다. 일하면서 사람들은 대부분 일을 상대적으로 의식한다는 점을 알고 있어야 한다. 예를 들어 교육받을 때, 어떤 사람은 엄하게 지도받을 의지가 있는 반면에 부담을 느끼는 사람도 있다.

일하는 방법이나 사람 관계에서 절대적인 '정답'은 없다. 일반적으로 옳다는 이론이나 과거의 성공법을 절대적으로 여기고 적용하면 마찰이 발생한다. **상대적 사고**란 사물을 상대적으로 파악하고 당면한 상황을 고려하여 아이디어를 도출하거나 의사결정을 하는 사고법이다.

사고 방법

❶ 주장을 확인한다 자신이나 다른 사람이 주장한 생각을 확인한다. 왼쪽 페이지의 예시는 직원의 육성 방침에 관한 의견들인데, '마음 편히 자유롭게 함으로써 직원을 성장시킨다'는 주장이 나온 경우다.

❷ 모든 상황에 적합한지 확인한다 ❶의 주장이 어느 때나 통용되는지 생각한다. 예시는 '자유롭게 해야 한다'는 것이 모든 직원에게 해당하는지 생각해 보는 것이다. 대상별로 살펴보면, 직원의 숙련도 레벨에 따라 자유롭게 해서 좋을 때도 있고, '자유로움'에 앞서 지도가 더 필요한 경우도 있음을 알 수 있다.

❸ 변수를 고려한다 주장이 딱 맞는 경우와 그렇지 않은 경우에 무엇이 다른지 생각한다. 그리고 차이의 기준이 되는 변수를 생각한다. 예시에서는 직원의 '숙련도'를 고려할 필요가 있음을 알 수 있다.

❹ 신뢰도를 확인한다 ❸에서 찾아낸 변수를 기준으로 초기 주장의 신뢰도가 어느 정도인지 확인한다. 예시는 '숙련도가 일정 레벨에 도달한 직원에게는 자유도를 올려야 하지만, 그 이하의 레벨에서는 그렇지 않다'라는 상태라서 초기 주장의 신뢰도가 높아진다.

❺ 상대적인 사고를 연마한다 상황을 상대적으로 파악한 뒤, 개별 상황(여기에서는 대상 직원)에 맞는 접근법을 다시 생각한다.

4장 / 프로젝트의 추진력을 높인다

점의 사고와 선의 사고

사고를 상대화한다는 것은 '점의 사고'를 '선이나 면의 사고'로 확장하는 것이다. 점에서 선으로, 선에서 면으로 확장함으로써 아이디어를 점점 발전시킬 수 있다. 선과 면에서는 '중간'도 있음을 알게 돼 다른 사람의 의견을 받아들이기도 쉬워진다.

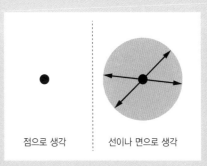

점으로 생각 　　　 선이나 면으로 생각

47 추상화 사고

각각의 사물을 큰 덩어리로 생각한다

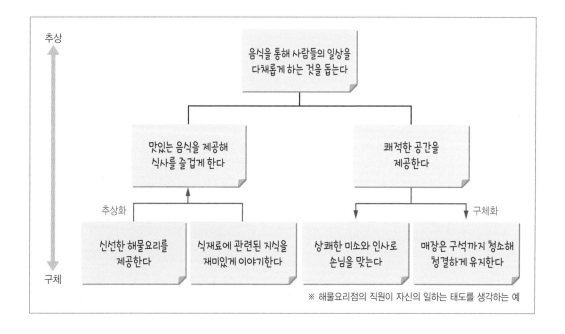

※ 해물요리점의 직원이 자신의 일하는 태도를 생각하는 예

기본 정보

사고의 중요한 요소로 구체와 추상이 있다. 구체화 사고란 사물의 의미나 모습을 세분화해 명확하게 생각하는 사고다. 사고대상을 분해(사고법 **06** 참고)하여 자세하게 생각한다. **추상화 사고**란 제각각인 사물 중에서 공통점을 찾아내, 보다 큰 덩어리로 통합해 생각하는 사고법이다. 분해보다 통합, 부분집합보다 전체집합을 생각한다. 일을 할 때는 구체화 사고와 추상화 사고를 함께 활용해야 한다. 구체화 사고는 행동으로 실행방법을 생각할 때 강점이 있고, 추상화 사고는 전체 모습과 각 부분의 관계를 이해하고 사물의 본질적인 부분을 생각할 때 강점을 발휘한다. 무엇을, 왜 그렇게 생각하는지에 대한 본인의 생각을 정리하고 그것을 다른 사람과 공유하려면 추상화 사고가 반드시 필요하다.

사고 방법

❶ 생각한 것을 나열한다 지금 생각한 내용을 구체적으로 나열한다. 예를 들어 음식점에서 일하면서 '매장 청소'나 '상쾌한 손님 대응'에 대해 생각한다면 그 내용을 써내야 한다.

❷ 공통점을 찾고 추상화한다 ❶에서 나열한 정보 속에 있는 공통점을 찾아서 상위 레벨의 개념으로 통합해본다. 위의 예에서 '쾌적한 공간 제공'이라는 공통점이 있다. 이처럼 청소나 손님 대응으로부터 '쾌적한 공간의 제공'이라고 하는 추상화된 상위 개념으로 통합하고, 거기에서 더 추상화된 개념인 '음식을 통해서 사람들의 일상을 다채롭게 하는 것을 도움'이라는 높은 레벨로 통합해 가는 것이 추상화 사고다.

예 생각의 관점

공통점을 찾는 것이 어렵다면 대상 사이에 공통적인 '특징'이나 '속성', '의미'에 주목하거나, '애당초 왜 이 생각을 하려고 했지?'와 같은 관점으로 식별한 대상들을 한층 더 높은 시각에서 조망하며 비교해본다.

❸ 계층화한다 추상의 정도(통합의 크기)를 정리하고 전체와 부분이 분리되도록 계층화한다(왼쪽 페이지 그림 참조). 특히 여러 사람이 같은 주제를 생각하고 논의할 때는 각자가 생각하고 있는 추상화 레벨이 서로 다를 때가 있어서 이를 잘 조율해야만 한다.

❹ 전체를 보고 부족한 점을 보충한다 계층화하고 추상의 정도가 높은 관점에서 전체를 보고 생각이 부족한 부분이 있으면, 거꾸로 깊게 파고들어 구체화해본다.

단순히 추상적인 것과 추상화할 수 있는 것은 다르다

여기서는 추상화 사고의 장점과 활용법을 소개했는데. 구체적인 것들이 없는 '단순히 추상적인 상태'는 생각이 애매할 수 밖에 없고 또한 행동으로 이어지지 않기 때문에 주의해야 한다. 구체적인 정보, 추상적인 정보가 각각 연관돼 구체와 추상을 넘나들 수 있는 상태를 목표로 하자.

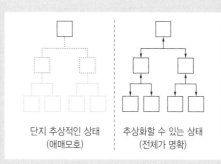

단지 추상적인 상태　　추상화할 수 있는 상태
(애매모호)　　　　　(전체가 명확)

4장에서는 프로젝트 추진이라는 주제로 개선 사고에 대해서 설명했다. 개선 사고의 대표적인 프레임워크인 'PDCA'로 일상의 업무 상황을 예로 상세히 적용해본다. 프로젝트 단위, 1일 단위의 사이클로 자신의 상황에 적용해보자.

체크 시트를 이용하여 PDCA 내용을 써낸다

PDCA 사이클은 '계획(P) → 실행/결과(D) → 평가(C) → 개선(A)'이라는 4개의 프로세스로 이뤄진다. 문제해결 현장에서 자주 볼 수 있는 것이 P → D → C → A 각각의 '프로세스 단위'의 흐름은 유지하고 있지만, 'PDCA → 다음 PDCA → 그다음 PDCA'처럼 사이클 단위로 연속적인 흐름은 유지하지 못한다. 부지런히 회고해서 문제점을 발견해도 매번 같은 일을 반복하게 된다. 두 번째 사이클이 잘 진행되려면 첫 번째 사이클에서 도출된 내용이 언어화되어 정확하게 확인할 수 있어야 한다.

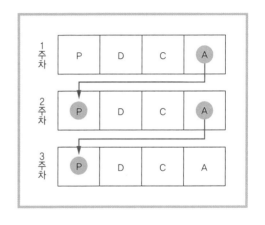

ACTION을 생각할 때 정확도를 높인다

PDCA 사이클의 A → P로의 연결할 때는 집중하고 싶은 포인트 두 개를 선택한다. 한 개는 '개선책의 내용을 구체적으로 생각한다'고, 다른 하나는 '개선책의 장점을 생각한다'이다.
첫째로 개선책의 내용이 모호하거나 무조건 하면 된다는 식으로 접근하면 다음 사이클로 진행하기가 어려워진다. 행동의 내용이나 의사 결정의 기준 등 구체적으로 무엇을 바꾸는지까지 생각한다.

둘째로 '개선책의 장점에 대한 생각'은 개선 방안에 대한 'Why'를 묻는 작업이다. 도출한 개선책을 사용하는 이유는 물론 그 외에 다른 방법이 있는지도 생각하자. 많은 개선 아이디어 중에서 선택하기 때문에 '정확도'가 높아져서 다음 계획을 수립할 때 효과적인 활용이 가능하다.

첫 번째 PDCA 사이클을 돌리고 본다

예컨대 자사에서 운영하는 웹 미디어의 개선을 생각해 보자. 기사 개수, 즉 양을 중시하는 체제에서 기사 내용이 빈약한 점을 개선하기 위해 기사의 품질을 높이는 방법을 검토해 실행하고 있다.

PLAN	DO	CHECK	ACTION
웹 미디어를 중시하는 지표를 기사 개수에서 품질로 시프트(shift)시킨다. 신규 기사 수를 반으로 줄이고 PV(Page View) 수는 유지한다.	기사 1편당 글자 수를 늘리면서 내용을 더 풍부하게 작성한다. 결과적으로 기사 수는 절반이지만, PV수는 1.4배까지 상승했다.	내용이 풍부해진 만큼 기사 1편당 SNS 공유 수나 관련 기사로의 유입률이 상승해서 좋았다.	기사의 품질은 이 상태를 유지하면서 SNS로 공유되는 메커니즘이나 관련 기사로의 링크 설계에 집중하여 실행한다.

첫 번째 사이클을 토대로 두 번째 사이클을 돌리고 본다

첫 번째 사이클을 확인하여 다음에 더 좋은 성과를 위해 가설을 세우고 목표를 설정한다. 첫 번째 사이클의 행동(action) 내용을 더 상세히 도출해 두 번째 사이클의 계획을 세워 보자.

PLAN	DO	CHECK	ACTION
SNS 공유버튼을 눈에 띄는 디자인으로 수정하고, 관련 기사나 주요 키워드에 문자 링크를 추가한다. PV수 +10%가 목표다.	SNS 버튼의 디자인을 변경해서 연결용 링크를 조정했다. PV수는 +6%에 그쳤다.	연결용 링크의 조정은 효과가 있어서 계속 한다. SNS 공유 버튼 디자인 수정 효과가 없어서 개선이 필요하다.	더 높은 SNS 공유를 위해 공유하고 싶어지는 타이틀의 설정 방법과 이목을 끌기 위한(eye catch) 이미지로 설계를 변경한다.

'목표'에 대해 이야기해 보자. PDCA에서는 P(계획) 단계에서 생각하는 것으로 프로젝트 운영에서 빠져서는 안 되는 필수 사항이다.

상태 목표, 행동 목표, 학습 목표를 설정한다

프로젝트 운영이나 일을 진행할 때 목표 설정은 필수다. 목표를 더 세분화하여 상태 목표, 행동 목표, 학습 목표의 3개로 나누어 본다.

상태 목표는 어떤 상태가 되고 싶은지 이상적인 상태를 생각하는 것이다. 예를 들어 '월 매출 1억원', '자사 상품의 업계 점유율 1위' 등이 될 수 있다.

행동 목표는 이상적인 상태를 달성하기 위한 행동을 생각하는 것이다. '월 매출 1억원'이라는 상태 목표가 있다면, '신규 영업을 월 10건 늘린다', '판촉용 랜딩 페이지를 만들어 광고를 한다' 등 구체적으로 무엇을 할지 생각한다.

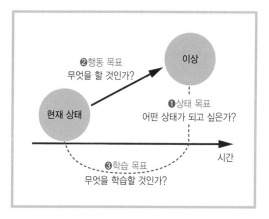

학습 목표는 행동 과정에서 무엇을 배울 것인지 생각하는 것이다. 가령 '판촉용 랜딩 페이지를 만들어 광고를 낸다'는 행동 과정에서 '사람의 마음에 와닿는 글 쓰는 법 배우기', '짧은 기간 동안 개선 사이클을 수행하는 방법을 배운다'는 식으로 학습 목표를 설정한다.

비즈니스 지표뿐 아니라 학습 지표도 중요하게 여긴다

일하면서 언급되는 목표는 상태 목표와 행동 목표로 크게 두 가지일 텐데, 목적을 달성하려면 두 가지 목표는 필수다. 다만 새로운 것에 도전하고 보다 높은 효율과 생산성을 목표로 하기 위해서는 행동의 주체인 사람의 성장도 필요하다. 학습 목표를 설정하면 의식적으로 배우고 성장을 촉진할 수 있을 것이다.

팀의 목표를 생각해보자

프로젝트를 시작할 때 팀 전체의 목표를 생각해 보자. 아래는 다른 회사와 협업 상품 기획을 시작하려는 프로젝트팀의 예다.

상태 목표	• 연간 매출 1억원 높이는 것이 목표 • 고객 수 증가 (신규 고객을 작년 대비 10% 이상 증가)
행동 목표	• 협업 상품 개발 • 신규로 1,000개 이상의 매장에서 영업
학습 목표	• 타사와 공동으로 상품 개발하는 방법 배우기 • 프로젝트 운영 노하우 배우기

자기 개인의 목표를 생각해보자

조직의 목표 설정에 추가로 개인의 목표도 설정한다. 자신이 조직에 어떻게 기여하는지 생각해보자. 그 과정에서 나는 무엇을 배우고 싶은지 생각한다.

상태 목표	• 협업 상품의 판매처를 신규로 10개 매장 이상 확보
행동 목표	• 신규로 100개 매장 이상 영업 • 사용자 100명 이상 인터뷰 실시
학습 목표	• 상품의 매력을 전달하는 커뮤니케이션 능력 향상 • 말하기 좋은 분위기를 만드는 포인트 배우기

PDCA 사이클을 돌려서 업무를 개선하는 프로세스, 프로젝트 실행을 통한 학습의 프로세스에서 회고를 빠뜨릴 수 없다. 회고 방법 중 하나를 소개한다.

KPT로 하루하루를 회고한다

KPT는 'Keep(유지할 것)', 'Problem(개선할 것)', 'Try(새롭게 도전할 것)'의 세 가지로 일의 상황이나 결과를 되돌아 보는 회고 방법이다. 회의의 자리가 단순한 감상의 공유나 개인을 공격하는 자리가 되지 않도록 사고의 틀을 설정할 수 있다는 점이 매력이다. KPT 활용의 흐름은 아래의 3단계이며, KPT 양식은 오른쪽 페이지의 그림과 같다. 수행 중인 업무나 프로젝트, 활동을 테마로 설정해서 적용해 보자.

❶ 유지할 것(좋았던 점)을 써낸다.
❷ 개선할 것(문제점)을 써낸다.
❸ 새롭게 도전할 것(해결책)을 써낸다.

KPT의 각 항목을 체크할 때 아래와 같은 관점을 의식하면 좀더 잘 생각할 수 있다.

1단계	Keep 유지할 것	• 활동 중에 무엇이 성취감을 주었는가? 무엇이 기쁨이나 만족을 주었는가?
		• 자신의 행동으로 잘 된 것이 있었나? 그것은 왜 잘 되었는가?
		• 다른 사람의 행동에서 좋았다고 생각하는 것은 있었나? 그것은 왜 좋았는가?
2단계	Problem 개선할 것	• 실패했거나 목표 달성을 방해한 요소가 있었는가?
		• 활동 중에 곤란한 일이나 고민한 일, 참아서 힘들었던 일이 있었나?
		• 이 멤버라면 더 할 수 있었을 것이라고 생각하는 사람이 있나?
3단계	Try 새롭게 도전할 것	• Keep에서 작성한 내용을 더 효과적으로 실행하려면 어떻게 해야 할까?
		• Problem으로 써낸 내용을 해결하려면 어떻게 해야 할까?
		• 다음 사이클의 목표 설정이나 계획의 모습은?

KPT로 되돌아보자

KPT의 기본 포맷은 다음과 같이 3개의 틀에서 생각한다. 왼쪽에 '유지할 것'과 '개선할 것'을 작성하고, 그것들을 보면서 '새롭게 도전할 것'을 오른쪽에서 작성하는 방식이다. 아래 그림은 상가 활성화 프로젝트에서 아이디어를 수집할 때의 KPT이다.

Keep 유지할 것	Try 새롭게 도전할 것
• 목표했던 활동 인원을 초과하여 모집했다. • 우리 활동의 의미를 많은 사람이 이해해 주었다. • 홍보팀 김대희씨가 등록한 내용이 공감을 얻고 있다. • 당일 프로그램 구성이 훌륭해서 아이디어도 잘 나왔다. • 프로젝트의 로고나 일러스트에 대한 평판이 좋다.	• 앞으로는 정보공유의 툴(tool)과 방법을 통일한다. 커뮤니케이션은 슬랙(Slack), 데이터 관리장소는 구글 드라이브, 태스크 목록은 트렐로(Trello)로 하며, 매주 수요일에 주간 리뷰를 진행한다. • 현장 과제를 더 상세하게. 상가 사람들의 얼굴이 보이는 정보를 업로드한다.
Problem 개선할 것	• 전문용어나 외래어는 상대의 입장에서 생각해서 최대한 억제한다. • 활동의 의의나 배경을 더 알기 쉽도록 웹페이지를 업데이트한다. 이메일 등록도 할 수 있게 한다. • 행정적으로는 보고·연락·상담을 강화한다.
• 전문용어가 많아서 의미를 모르는 부분이 있었다. • 진척이 잘 공유되지 않아서 불안했던 때가 많았다. • 행정적인 서포트가 조금 약했다고 생각한다. • 활동에 흥미가 있는 사람의 데이터베이스를 얻지 못했다 (메일주소 등).	

성실하게 돌아보는 습관을 들인다

KPT는 개인과 조직 모두에 효과적이다. 오랜 기간에 대한 회고를 한번에 하려고 하면 정량적인 데이터 밖에 남지 않아 구체적인 문제점을 생각하기 어렵다. 메모나 일기에 매일 조금씩, 간단하게 회고해야 한다. 하루 10분이 어려우면 5분이라도 상관없다. 그날의 KPT를 생각하는 시간을 확보하고 회고의 주제들을 쌓아보자.

column | 'Yes, And'로 생각하기

여러 사람이 하나의 사물을 생각할 때 중요한 마인드셋(mindset) 중에 'Yes, And'의 사고방식이 있다. 다른 사람의 아이디어를 'No'라고 부정하지 않고 우선 'Yes'라고 긍정으로 받아들인 후, 사고나 대화를 발전시키는 것을 중시하는 사고법이다.

부정으로 잘라 버리는 것이 아니라 긍정으로 끌어 올린다

여러 사람이 아이디어를 낼 때 모처럼 생각한 아이디어를 계속 부정하면 적극적으로 아이디어나 의견 내기를 주저하는 분위기가 된다. 우선 부정보다 긍정의 반응으로 접근하면서 아이디어를 내기 쉽게 하고, 그로 인해 아이디어의 질을 서로 높여가는 마인드셋이 'Yes, And'의 사고법이다.

내 생각을 더해서 되돌려준다

우선 다른 사람의 아이디어를 'Yes(좋아요)'로 긍정하며 받아들인다. 지금은 구체적이지 않고 쓸모 없어 보이더라도 다른 아이디어의 씨앗이 되기 때문이다. 이번에는 다른 사람의 의견에 'And(더 잘하려면)'로 내 생각을 덧붙여서 되돌려준다. 이와 같은 방법으로 앞선 생각에 'Yes, And'를 덧붙이길 반복한다. 이 방법은 대화에 참여하는 모두에게 긍정적이고 건설적인 사고를 하는 데 도움이 된다.

누군가의 '1'에 작은 '0.1'을 더해서 배턴을 이어간다

'Yes, And'의 사고법은 누군가 갖고 있는 아이디어나 의견처럼 '1'이라는 기준이 있을 때, 이를 존중하고 자기 생각 '0.1'을 더해 '1.1'을 만들고 다음으로 배턴(baton)을 이어가는 사고법이다. 사고는 혼자서만 하는 것이 아니다. 함께 생각하는 동료의 존재는 무엇과도 바꿀 수 없이 소중하다. 사람의 목소리를 잘 듣고 배경에도 눈을 돌려 더 좋게 할 방안을 생각하고 연결한다. 이런 순환, 사고의 연결을 소중히 여겨야 한다.

5장

분석력을 높인다

분석력을 높인다

5장에서는 정보 수집이나 가설 검증 등을 분석할 때 참고할 수 있는 사고법을 소개한다. 정보를 파악하는 방법을 항상 의식하면서 사고법의 핵심을 적용해 보자.

의사결정에는 분석력이 필요하다

분석이란 사물을 분해, 비교함으로써 구성을 이해하고 의사결정할 수 있는 소재를 찾는 것이다. 예를 들어 새로운 시장으로 진출 여부를 검토할 때 분석 없이 갑자기 결정하면 도박이나 다름없다. 시장은 성장하고 있는지 혹은 축소 중인지, 배경에는 어떤 요인이 있는지, 자사의 강점과 잘 맞는지 등 여러 가지를 분석해야 한다. 5장에서는 이러한 의사결정에 필요한 정보를 모을 때 알아두면 좋은 사고방식을 소개한다.

목적과 가설을 가지고 분석한다

분석할 때도 먼저 목적을 정해야 한다. 예를 들어 '매출이 떨어지는 원인을 밝히고 대책을 세우고 싶다.'는 목적은 자주 있을 것이다. **목적**에 따라 무엇을 분석할 것인지를 정하기 위한 포인트가 가설 설정이다. **가설**이란 질문에 대한 잠정적인 대답이다. '아마 이런 말을 할 수 있지 않을까?'라는 임시 결론을 준비하고 그게 확실한지 검증한다. 가설이 중요한 이유는 수많은 조사·분석 항목 중에서 우선순위를 결정하기 위해서다. 매출이 저하되는 원인을 분석할 때 자사에 존재하는 데이터를 처음부터 보는 것이 아니라 '영업시간을 줄인 것이 요인이 아닌가?', '신상품 개발 빈도가 줄어든 것이 원인일지도 모른다.'라는 가설을 먼저 세운다. 세운 가설을 중심으로 정보 수집을 진행하면서 분석의 효율을 높인다. 5장에서는 논점 사고, 가설 사고, 프레임워크 사고를 소개한다. 분석의 목적과 대상을 검토할 때의 사고방식과 구체적인 분석 방법을 익혀 보자.

분석의 기본이 되는 '분해'와 '비교'

문제 발견, 과제 설정, 전략 수립, 커뮤니케이션 등을 위해 상황을 분석할 때, 대상을 '분해'하는 것은 매우 중요하다. 분해하여 각 부분을 생각하거나 부분과 부분을 비교함으로써 효과적인 판단 재료를 얻을 수 있다. 예컨대 '매출을 늘린다'라는 큰 테마도 상품, 판촉 방법, 가격 설정 등 생각해야 할 범위를 작게 분해하는 것이 **분해 사고**다. 작년과 현재 상황을 비교하거나 자사와 경쟁사를 비교하는 **비교 사고**도 유익하다. 이런 사고방식을 이용하여 문제 해결의 단계별 정확도를 높인다. 무엇을 분해할지 생각할 때는 5장의 내용과 〈1장. 요소분해 사고법〉(사고법 **06** 참고)도 참고가 되므로 같이 체크해보자.

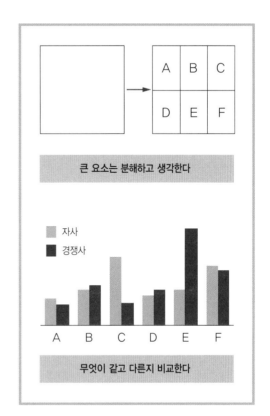

큰 요소는 분해하고 생각한다

자사
경쟁사

A B C D E F

무엇이 같고 다른지 비교한다

사물 간의 관계에 주목한다

정보나 데이터를 취급할 때는 사물과 사물 사이에 어떤 관계가 있는지 파악해야 한다. 관계를 나타내는 대표적인 것으로 '상관관계'나 '인과관계'가 있다. 한쪽 변수가 증가하면 다른 한쪽도 증가하거나, 한쪽이 증가하면 다른 한쪽이 감소하는 관계를 **상관관계**라고 한다. 거기서 한쪽이 원인, 다른 쪽이 결과이면, **인과관계**라고 한다. 이 책에서는 다양한 각도로 문제를 생각해보고 있는데 '문제'란 어떤 원인에 의한 '결과'다. 문제의 원인을 정확하게 파악해서 맞는 일을 할 수 있도록 인과관계의 이해력을 높이자.

48 가설 사고

가설 검증을 반복하면서 결론의 질을 높인다

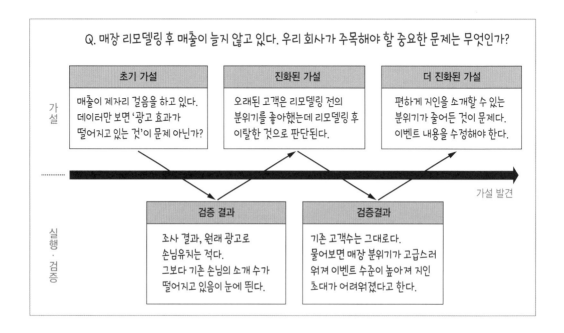

Q. 매장 리모델링 후 매출이 늘지 않고 있다. 우리 회사가 주목해야 할 중요한 문제는 무엇인가?

가설

초기 가설	진화된 가설	더 진화된 가설
매출이 제자리 걸음을 하고 있다. 데이터만 보면 '광고 효과가 떨어지고 있는 것'이 문제 아닌가?	오래된 고객은 리모델링 전의 분위기를 좋아했는데 리모델링 후 이탈한 것으로 판단된다.	편하게 지인을 소개할 수 있는 분위기가 줄어든 것이 문제다. 이벤트 내용을 수정해야 한다.

가설 발견

실행 · 검증

검증 결과	검증결과
조사 결과, 원래 광고로 손님유치는 적다. 그보다 기존 손님의 소개 수가 떨어지고 있음이 눈에 띈다.	기존 고객수는 그대로다. 물어보면 매장 분위기가 고급스러워져 이벤트 수준이 높아져 지인 초대가 어려워졌다고 한다.

기본 정보

가설 사고란 질문에 관한 잠정적인 대답인 가설을 세우고, 가설이 맞는지 검증하면서 결론의 질을 높이는 사고법이다. 한정된 시간에 문제 해결의 속도를 높일 수 있는 점이 가설 사고의 매력이다. 가설 사고는 사물을 생각할 때 정보를 모두 나열하고 결론을 내기보다 우선 현재 가진 정보나 쉽게 확보할 수 있는 정보로 임시 결론을 내는 것을 중요시한다. 임시 결론을 근거로 전체 전망이 세워지고 목표를 좁힌 후에 필요한 정보 수집이나 분석을 할 수 있다. 가설 사고는 '문제를 발견할 때'나 '해결 방법을 생각할 때'에 모두 쓸 수 있지만 여기서는 문제를 발견할 때 사용하는 것을 전제로 한다.

사고 방법

❶ 가설을 세운다 생각해야 하는 주제에 대한 나름의 가설을 세운다. '매출이 늘어나지 못한 상황'이면, 지금 갖고 있는 정보나 과거의 경험을 통해서 '이런 점이 문제일 것이다'라는 가설을 준비한다. '광고 효과가 떨어지고 있다'는 가설을 먼저 생각하고 있다.

참고 가설

가설이란 문제 해결의 상황에서 '임시 대답(임시 결론)'을 의미한다. 어떤 가설을 세울지 모를 때는 관찰할 수 있는 사실을 '왜?'라고 묻고, '그 상황이 일어나는 이유를 설명해본다'로 접근한다. 가설을 파헤치는 방법은 Why사고 (사고법 **56** 참고)나 귀추적 사고 (사고법 **05** 참고)도 활용할 수 있다.

---

❷ 가설을 검증한다 필요한 정보를 추가 조사하고 가설을 검증한다. 검증 방법으로 고객 데이터 체크, 테스트 정책 실시, 인터뷰, 설문조사, 행동 관찰 등이 있다. 구체적으로 테스트용 상품이나 정책의 반응을 보거나 고객이나 주위 사람에게 들은 후 가설과 사실의 차이를 가시화한다. 검증할 가설의 규모나 필요한 비용을 고려하여 최선의 검증 방법을 선택하자.

❸ 가설을 진화시킨다 얻은 검증 결과로부터 다음의 가설(진화한 가설)을 세운다. 실제 검증한 결과, '광고효과' 문제가 아니고 '타인에게 소개하기 어렵다'는 것이 병목이라는 것을 알았다면, 그곳을 중심으로 깊게 생각해 본다. 이후 '❶가설 → ❷검증 → ❸가설진화'라는 사이클을 돌려 최종 결론(해결해야 하는 문제)을 도출한다.

시행착오로 최적의 결과를 지향한다

가설 사고를 실천하려면 '100% 맞는 답을 처음부터 꺼낼 수 없다'고 전제해야 한다. 시간을 많이 들여 신중하게 정보를 수집·분석하기보다, 일정 기간마다 가설과 검증의 횟수를 늘리거나 가설과 검증의 결과에 대응하면서 검증의 정확도를 높여야 한다.

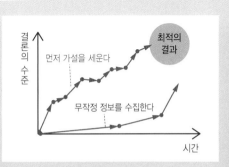

49 논점 사고

올바른 질문(논점)을 생각한다

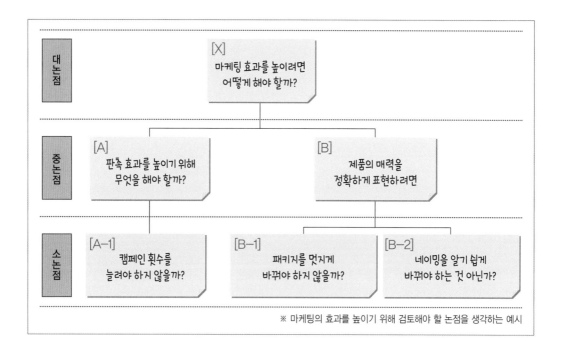

※ 마케팅의 효과를 높이기 위해 검토해야 할 논점을 생각하는 예시

기본 정보

여러 가지 문제가 있을 때 '가장 해결해야 할 문제(와 그것을 해결하기 위해서 실행해야 할 과제)'를 '논점'이라고 하고, 논점을 식별해가는 사고를 **논점 사고**라고 한다. 고도의 해결책을 수립했다고 해도 처음부터 문제 설정 자체가 잘못되면 어떤 노력도 물거품이 된다. 예를 들어 마케팅 효과를 높이기 위해 '어떻게 판촉 방법을 바꿀까?'라고 하는 논점에서 생각하는 것과 '제품의 매력을 정확하게 표현하려면 어떡할까?'를 생각하는 것은 상위 목적은 같아도 접근 방법이 완전히 다르다. 행동도 물론 중요하지만, 이것저것 목적 없이 행동하면 아무것도 이룰 수 없다. 논점 사고를 이용하여 정말 생각해야 할 논점(해결해야 할 문제)을 생각하여 문제 해결의 정밀도를 높이자.

사고 방법

❶ **짐작되는 논점을 식별한다** 중요한 논점을 찾는 첫 번째 단계는 생각되는 논점을 나열하고 '가시화' 하는 것이다. 매일 일하면서 '우선 주어진 논점을 의심한다'라고 자세를 취해야 한다. 논점을 만났을 때 바로 해결책을 생각하기보다 '정말 그게 풀어야 할 문제인가?'라고 묻자.

❷ **논점을 좁혀서 확정한다** 써낸 논점 중에서 실제로 생각하는 것으로 좁힌다. 논점을 체크할 때의 관점은 크게 세 가지다. 첫 번째는 '논점으로 제기된 문제는 해결될 수 있는가?' 분명히 실현 불가능한 논점은 이 단계에서 끝낸다. 두 번째는 '해결책을 실행할 수 있는 기술이나 자원, 체제 구축이 가능한가?' 첫 번째와 마찬가지로 해결책을 실행할 수 없으면, 아무리 생각해도 최종적인 성과는 나오지 않는다. 세 번째는 성과의 크기다. 해결함으로써 얻는 효과가 클수록 중요한 논점이 된다.

❸ **논점을 정리한다** 논점이 명확하면 그림처럼 이슈 트리(issue tree)로 정리하고 가시화한다. 이슈 트리는 논점의 크기를 트리 모양으로 정리한 것이다. [A-1]의 논점을 다루고 있는 경우, 그 상위의 논점인 [A]가 틀렸다고 하면 아무리 생각해도 문제를 해결할 수 없다. 더욱 상위의 논점인 [X]로 올라가 생각해야 하고 동시에 [B]도 생각할 필요가 있을 것이다. 이처럼 전체 구조를 파악한 다음 논점을 검증하고 다듬는다.

'어떻게 해결하는가?' 전에 '무엇을 해결하는가?'

'정말 그게 풀어야 할 문제인가?' 이 질문은 문제 해결의 사고력을 높이는 데 매우 중요하므로 반복해서 언급해둔다.
어떻게 해결할지(how)를 생각하기 전에 먼저 '무엇'을 해결할지(what)와 그 문제를 '왜' 해결할지(why)에 대해 한번 생각하며, 지금 풀어야 할 문제를 찾아보자.

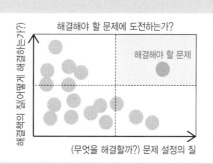

50 프레임워크 사고

사고의 '틀(frame)'을 활용해 효율적으로 생각한다

	자사	경쟁사A	경쟁사B	경쟁사C
제품 Product	조회수 및 키워드 배치 추출 가능	자사 제품보다 기능이 간소-키워드 추출만	키워드 댓글, 맵 작성 기능이 우수	경쟁 사이트의 순위 자동 추적 기능에 특화
가격 Price	일시불 형태 : 100만원	일시불 형태 : 98만원	월과금 형태 : 2만원	월과금 형태 : 월 5천원
유통 Place	공식 사이트에서만 판매	공식 사이트에서만 판매	공식 사이트에 추가로 대리점 판매에도 적극적으로 전개	공식 사이트에서만 판매
판매촉진 Promotion	웹광고 추가로 자사 미디어에서도 주력	웹광고 추가로 유저모임을 적극적으로 활용	웹광고 추가로 아날로그 이벤트에도 적극적으로 전개	개발자들의 블로그를 통해 홍보하는 정도

※ 웹 사이트의 분석 툴과 서비스를 경쟁사와 비교, 분석하는 예

기본 정보

프레임워크란 문제 해결을 위한 사고의 틀이다. 예로부터 선임들이 시행착오 속에서 축적해 온 성공의 '틀'이라 할 수 있는데, 프레임워크로 효율적인 사고를 하는 것이 **프레임워크 사고**다. 프레임워크 사고는 문제 발견이나 과제 설정 장면은 물론, 분석이나 아이디어 발상, 전략·전술의 입안 등 모든 상황에서 활용할 수 있다. 예를 들어 마케팅에서 제품, 가격, 유통, 판촉을 생각하는 '4P 분석'과 시장 조사에서 자사, 고객, 경쟁사를 생각하는 '3C 분석'이 있으며(사고법 28 참고) 목적에 따른 프레임워크가 다양하며 장점 또한 여러 가지다. 프레임워크를 이용하면 문제를 발견하거나 분석할 때 생각해야 할 전체 모습과 세부 구성요소를 알 수 있다는 것이 큰 장점이다. '전체적인 관점'으로 목적에 따라 정보를 수집하고 분석할 수 있다.

사고 방법

❶ 사용하는 프레임워크를 정한다 목적에 맞추어 사용할 프레임워크를 선정한다. 왼쪽 페이지의 예시는 '경쟁사의 마케팅 정책을 조사하고 자사의 마케팅 정책을 개선하기'를 목적으로 4P라고 하는 프레임워크를 선정하고 있다. 아래는 조사 · 분석에 사용할 수 있는 프레임워크의 예시다.

예 조사 · 분석에 사용할 수 있는 프레임워크

PEST 분석	정치 · 경제 · 사회 · 기술 측면에서 사업에 영향을 미치는 요인을 분석한다
5 Force 분석	5가지 요인으로 업계의 경쟁 구조를 이해하고 분석한다
Pareto 분석	누적량과 비율의 관계를 분석하여 자원을 투자처를 검토한다
가치사슬(Value chain) 분석	제품의 제조에서 제공까지의 과정을 분할하여 분석한다

※ 위의 프레임워크들은 이 책 맨 뒤의 [발상을 도와주는 프레임워크]에서도 소개한다.

❷ 정보를 정리하고 사고를 진행한다 프레임워크를 바탕으로 정보를 수집하고 사고한다. 그러면 목적에 따라서 의사결정이나 판단, 아이디어 도출이라는 결과가 생긴다. 예를 들어 분석한 결과, 유통에 개선의 여지가 있다고 판단되면 유통 전략을 재검토한다.

❸ 프레임워크에 대한 이해를 높인다 적용한 프레임워크의 활용법이 맞았는지 아닌지를 돌아보면, 해당 프레임워크를 더 잘 이해할 수 있다.

가설 설정에 사용할 것인가, 가설 검증에 사용할 것인가

프레임워크는 생각해야 할 포인트를 판별하는 가설 설정을 할 때 활용할 수 있다. 어느 정도 혼자서 생각해본 후 일반적으로 그 밖에 어떤 점을 생각해야 하는지를 알기 위한 '검증'의 용도로도 활용 가능하다. 프레임워크에 종속되지 않고 사고력을 강화하려면 쌍방, 즉 가설 설정과 검증할 때의 프레임워크를 잘 사용할 수 있어야 한다.

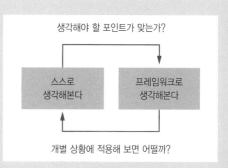

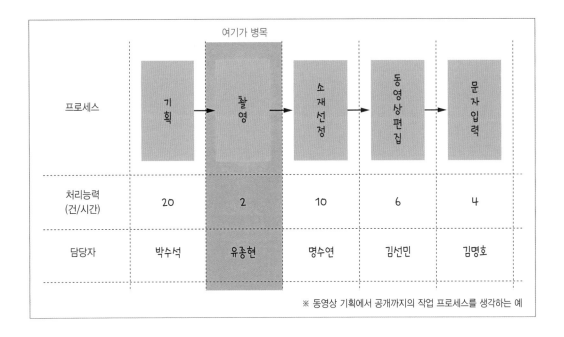

여기가 병목

프로세스	기획	촬영	소재 선정	동영상 편집	문자 입력
처리능력 (건/시간)	20	2	10	6	4
담당자	박수석	유종현	명수연	김선민	김명호

※ 동영상 기획에서 공개까지의 작업 프로세스를 생각하는 예

기본 정보

병목(Bottle-neck)이란 여러 공정으로 이루어진 시스템에서 속도가 느린 공정이 전체의 생산성을 결정하는 현상을 의미한다. 오른쪽 그림과 같이 병에서 위에서 아래로 물을 내리는 장면을 상상해보자. 병목(b)가 최종적인 물의 흐르는 양을 결정했는데, 유량을 늘리고 싶다면 a 부분을 크게 해도 의미가 없고 b를 크게 해야 한다. 병목에 해당하는 부분을 밝혀내고 개선할 점으로 정해 업무 생산성을 높인다.

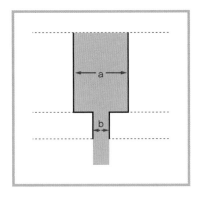

사고 방법

❶ 프로세스를 가시화한다　업무의 전체 모습과 각 프로세스를 가시화한다. 왼쪽 페이지의 예는 동영상 기획부터 촬영, 소재 선정, 동영상 편집, 자막을 입력하여 공개하는 작업이 팀 내에서 역할 분담하고 있고 프로세스가 가시화되어 있다.

❷ 처리능력을 가시화한다　각 프로세스에서의 처리능력을 가시화한다. 처리능력을 생각할 때 단위시간당 처리할 수 있는 업무를 실행할 수 있는지를 생각한다. 예시의 각 공정에서 '1시간당 몇 건을 처리할 수 있는가'를 생각하기 때문에 단위가 '건/시간'이다.

❸ 병목을 정의한다　각 프로세스의 처리능력을 가시화할 수 있다면 병목 프로세스를 정의한다. 예시에서 '촬영' 프로세스가 2(건/시간)이므로 이것이 전체의 생산량을 결정하고 있다. 이 부분이 병목 부분이다.

❹ 원인을 분석한다　정의한 병목 처리능력이 낮은 원인을 분석한다. 담당자의 스킬 부족, 설비 부족, 자원 배분의 균형 등 원인에 따라서 해결 방법이 다르기 때문이다.

❺ 병목 해소 방법을 생각한다　병목을 해소할 방법을 생각한다. 가령 '촬영' 프로세스의 처리 능력을 높이는 방법을 생각하는 것이다. 촬영 부분의 처리 능력을 2배의 4(건/시간)로 늘릴 수 있으면 전체의 생산성도 2배가 된다. 담당자의 스킬의 문제라면, 유종현씨가 일하는 방법을 재검토한다. 자원 배분이 문제라면 기획을 담당하고 있는 박수석씨가 촬영을 돕는 등의 선택지도 생각할 수 있다.

병목이 아닌 곳에 자원을 할당해도 성과는 나오지 않는다

병목이 그대로면 병목이 아닌 부분 아무리 자원을 투입해도 최종적인 결과는 달라지지 않는다. 예를 들어 '기획의 처리 수를 늘려야 한다'고 분발해도 촬영 속도가 개선되지 않으면 성과는 나아지지 않는다는 점을 염두에 두어야 한다.

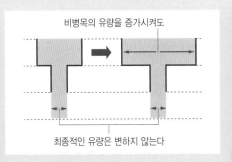

비병목의 유량을 증가시켜도

최종적인 유량은 변하지 않는다

52 퍼널 분석

프로세스 간의 감소율을 가시화하여 개선책을 생각한다

퍼널 이미지	프로세스	지표	결과	비율	목표치
프로세스가 지날 때마다 수가 줄어든다	웹사이트 (인식)	월간 방문자 수	13,450명	100%	100%
	정보체크 (조사)	상품소개페이지의 방문자 수	11,298명	84%	75%
	장바구니 (비교검토)	장바구니 상품을 넣는 이용자 수	4,304명	32%	32%
	구매 (행동)	구매자 수	942명	7%	25%

※ 상품 판매 EC 사이트 운영자가 퍼널 분석의 개념을 이용하여 정보를 정리하는 예

기본 정보

퍼널 분석이란 마케팅이나 세일즈(영업)에서 고객의 행동 프로세스를 분해하고 프로세스가 진행하는 동안의 감소율을 분석하는 방법이다. 분석 결과의 그래프가 깔때기(funnel) 형태라서 퍼널 분석이라고 한다. 예를 들어 상품의 인지에서 구매까지 프로세스에서 고객이 어느 단계까지 어느 정도의 비율로 진행되고 있는지 등의 상황을 가시화하기 위해 활용된다. 어느 단계의 이행률에 문제가 있고 거기서 개선의 가능성이 있는지를 판별하기 쉬워진다는 장점이 있다. 모든 고객이 인지에서 구매로 이어지지는 않고 일정한 비율로 이탈해 간다. 이를 바탕으로 전략이나 정책을 설계할 필요가 있다.

사고 방법

1 프로세스를 설정한다 분석하려는 프로세스를 설정한다. 어디부터 어디까지 분석할지 시작과 종점을 설정하고, 구간을 어떤 하위 프로세스로 분할할지를 생각한다. 왼쪽 페이지의 예는 '웹사이트 방문'부터 '구매'까지를 생각하고 있다.

2 데이터를 수집하고 가시화한다 하위 프로세스에 대한 데이터를 수집한다. 예를 들어 측정하는 지표를 설정한 후에 결과와 비율을 측정하고 있다. 비율이란 상위 프로세스에서 다음 프로세스의 이행률을 나타낸다. '장바구니' 단계까지 간 사람은 13,450명 중, 32%인 4,304명이다.

3 개선 포인트를 추출한다 정리한 정보를 보고 현재의 문제나 개선점이 어디에 있는지 파악한다. 이때 수치 부분을 그래프로 표현하면 상황을 파악하기 쉬워진다. 어떤 프로세스에서 이행할 때 문제가 있는지 그 이유를 생각하는 것이 기본이다. 각 프로세스로 이동할 때 목표 이행률을 미리 설정한다면 문제점이나 개선점을 도출하는 힌트가 될 것이다. 프로세스 간의 이행률에 문제가 없고 원활하게 진행되고 있다면 최초의 프로세스 수치를 높이는 방법을 고려한다. 개선책이 되는 액션 아이템을 구체적으로 설계하고 실행한다.

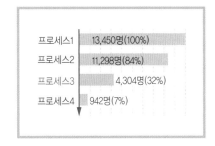

구매 행동 모델과 조합한다

퍼널 분석은 마케팅이나 세일즈(영업)에서 사용되는 '구매 행동 모델'과 함께 활용하기 매우 좋다. 고객이 구매에 이르기까지의 과정을 정리했다. 'AIDMA'나 'AISAS' 등 대표적인 구매 행동 모델을 알아두면 퍼널 분석을 더 활용할 수 있다.

AIDMA	AISAS
Attention(인지)	Attention(인지)
Interst(흥미, 관심)	Interst(흥미, 관심)
Desire(욕구)	Search(조사)
Memory(기억)	Action(행동)
Action(행동)	Share(공유)

※AISAS는 주식회사 덴츠의 등록상표임

53 상관 분석

두 변수 사이에 있는 상관관계를 분석한다

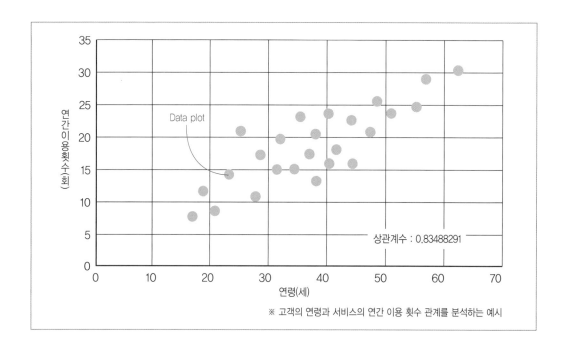

Data plot

상관계수 : 0.83488291

연간이용횟수(회)

연령(세)

※ 고객의 연령과 서비스의 연간 이용 횟수 관계를 분석하는 예시

기본 정보

두 개의 데이터(변수)에서 한쪽이 증가함에 따라 다른 한쪽도 증가 또는 감소하는 관계를 상관관계라고 한다. '기온과 아이스크림의 판매량', '서비스 판매 수와 매출액'과 같은 관계를 상관관계의 대표적인 예로 들 수 있다. 상관관계를 파악하는 것은 데이터의 특징을 정확하게 잡기 위한 필수적인 기술이며 인과관계를 파악할 때도 반드시 있어야 하는 프로세스다. 상관관계가 있는지 없는지, 있다면 얼마나 강한 상관관계가 있는지를 고려하는 것을 **상관 분석**이라고 하며, 이를 수행하기 위한 툴(tool) 중에 산점도가 있다. 산점도(Scatter plot)는 두 개의 데이터 사이에 있는 상관관계 유무와 강약을 시각적으로 파악하는 방법으로 엑셀로도 작성할 수 있다. 산점도를 이용한 기본적인 상관관계를 분석하는 방법을 소개한다.

사고 방법

❶ 데이터를 수집하여 그래프로 표현한다 산점도의 작성에 이용하는 2개의 변수에 대해 데이터를 수집한다. 각 변수를 축으로 하는 2차원 평면을 준비하고 수집한 데이터를 그래프에 그린다. 엑셀에서는 '분산형 차트' 기능을 사용해 작성 가능하다.

❷ 관계성을 찾아낸다 두 변수 사이에 상관관계가 있는지 체크한다. 한쪽 변수가 증가하면 다른 쪽도 증가하는 관계를 '양의 상관', 감소하는 관계를 '음의 상관', 둘 다 아니면 '무상관'이라 한다. 왼쪽 페이지는 양의 상관관계 예이다. 상관관계는 양, 음의 관계뿐만 아니라 강, 약의 관계로도 볼 수 있다. 상관에는 양, 음 외에 강, 약도 있다. 상관관계가 강하면 산점도는 직선에 가까운 형태가 된다.

참고 상관계수 R

상관관계 유무나 강약을 가시화할 때 상관계수 R이라는 지표를 사용한다. 상관계수 지표 R이 1에 가까워질수록 강한 양(+)의 상관, −1에 가까워질수록 강한 음(−)의 상관관계를 의미한다. 여기에서는 상관계수의 산출 방법은 생략하지만, 상관성의 기준이 되는 지표가 있다는 것은 알아두자. 덧붙여 엑셀에서 CORREL 함수로 산출할 수 있다.

상관계수 R값과 상관성의 기준	
−1 ～ −0.7	강한 음(−)의 상관
−0.7 ～ −0.5	음(−)의 상관
−0.5 ～ 0.5	상관없음
0.5 ～ 0.7	양(+)의 상관
0.7 ～ 1	강한 양(+)의 상관

출처: 『それ, 根拠あるの?』
と言わせない データ・統計分析ができる本
('근거 있어?'라는 말을 막아주는 데이터 통계 분석)
(柏木吉基著/日本実業出版社/2013年)

*위의 예시는 부록으로 제공하는 '그래프.xlsx' 파일의 '53. 상관 분석' 탭에 있습니다. – 옮긴이

정의 상관과 부의 상관

상관에는 양(+)의 상관과 음(−)의 상관이 있다고 소개했다. 음(−)의 상관에서 역과의 거리와 집세의 관계 등이 대표적인 예다. 역에서 거리가 멀어질수록 집세는 낮아지는 경향이 있다. 주위 사물들의 상관관계에 관심을 가지면서 하나가 작용하면 그에 반응하는 사물들을 인식할 수 있는 사고력을 키우자.

54 회귀 분석

두 변수 사이의 관계를 수식으로 파악한다

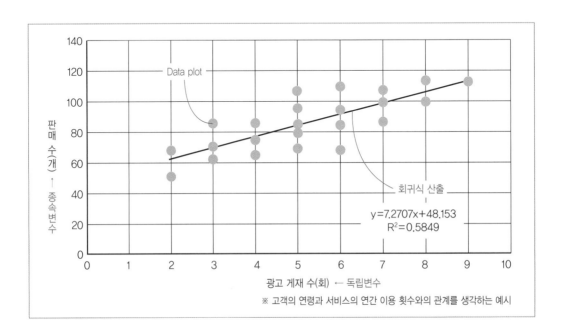

세로축: 판매 수(개) ← 종속변수

Data plot

회귀식 산출

y=7.2707x+48.153
R²=0.5849

가로축: 광고 게재 수(회) ← 독립변수

※ 고객의 연령과 서비스의 연간 이용 횟수와의 관계를 생각하는 예시

기본 정보

사고법 **53**에서 다룬 산점도는 상관관계의 유무와 강약 분석용이었다. **회귀 분석**은 한층 나아가 변수 사이에 있는 관계를 수식 형태로 파악하는 분석 방법이다. 간단히 말하면 y=ax+b와 같은 식으로 변수의 관계를 나타낸다. 하나의 독립변수(원인, independent variable)에 따라 종속변수(결과, dependent variable)를 설명할 수 있는 경우를 단순회귀 분석(simple regression analysis), 둘 이상의 독립변수가 필요한 것을 다중회귀 분석(multiple regression analysis)이라고 한다. 여기서는 단순회귀 분석의 기본을 설명한다. 사고법으로 회귀 분석을 사용하려면 '사물의 관계성을 관계식으로 표현할 수 없을까?' 생각해야 한다. 수식으로 이해하는 '수식화 사고'를 한다면, 사물 사이의 관계성을 파악하는 힌트를 얻기가 쉬워지고 데이터를 기반으로 미래를 예측하는 전략이나 정책을 생각할 때도 도움이 된다.

166 **54**_회귀 분석

사고 방법

❶ **데이터를 수집하고 정리한다** 관계성을 분석하고 싶은 두 가지 변수를 준비해 데이터를 수집하고 정리한다. 회귀분석에서는 최종적으로 예측하고 싶은 변수를 종속변수, 종속변수를 도출하기 위해 이용되는 변수를 독립변수라고 한다.

❷ **회귀식을 도출한다** 정리한 데이터에서 회귀식을 도출한다. 수학적인 회귀식 산출 방법은 생략하고 엑셀에서 산출하는 방법을 소개한다. 우선 엑셀로 산점도(분산형 차트)를 작성하고, '메뉴' – '차트 디자인' – '차트요소 추가' – '추세선' – '선형'의 순서로 진행하며, '선형'을 선택하면 추세선이 표시된다. '기타 추세선 옵션'에서 '수식을 차트에 표시'에 체크를 하면 회귀식을 표시할 수 있다. 왼쪽 페이지의 예시는 상품 판매수와 광고 게재 횟수의 관계를 나타낸 것으로 위의 절차에 따라 'y=7.2707x+48.153'과 같은 회귀식을 도출하고 있다. 이를 통해 광고 게재 1회당 약 7개의 판매를 예상할 수 있다.

❸ **액션을 도출한다** 회귀 분석이나 결과로부터 미래를 예측하고 정책의 입안이나 추가 분석 등 다음의 액션을 진행한다. 더불어 회귀식의 타당성(설명력)은 'R-2 제곱값' 지표로 표시된다(R-2 제곱값: 통계학에서 쓰는 용어로 R-squared, R2.R²라고 나타내며, 우리말로는 '결정계수'라고 한다. 엑셀에서는 회귀 분석 기능으로 표시할 수 있다. – 옮긴이). R-2 제곱값이 1에 가까울수록 회귀식이 타당하다고 할 수 있다. 산점도 그래프를 이용한 상관관계의 가시화, 회귀 분석을 이용한 회귀식의 가시화하는 것은 편리하지만, 어디까지나 통계적으로 옳다고 여겨지는 관계성을 나타내는 것에 지나지 않는다. 통계 분석 결과를 그대로 받아들이지 말고 주의해서 활용해야 한다.

벗어난 데이터를 주목함으로써 시사점을 얻는다

크게 벗어난 값이 있다면 그것이 회귀식에 미치는 영향을 고려한다. 문제를 해결할 때는 빗나간 값에 주목함으로써 보이지 않았던 문제나 새로운 아이디어를 발상할 때 힌트를 얻을 수 있다. 왜 벗어난 값이 존재하는지 생각해 보면 좋다.

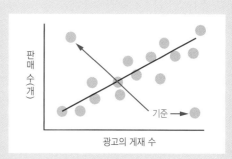

시계열 분석

시간 축에서 변화를 비교한다

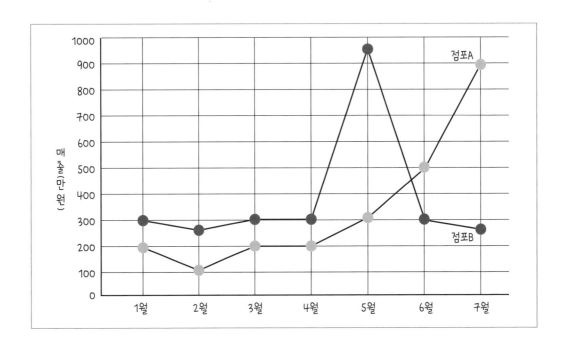

기본 정보

시계열 분석이란 시간적인 변화에 따라 발생한 정보를 분석하는 방법으로 미래를 예측할 때 유용하다. 예를 들어 시장 규모의 추이를 시계열로 가시화해서 변동의 요인을 분석함으로써 향후 그 시장이 어떻게 변할지 예측해 볼 수 있다. 시간의 흐름에서 한 시점을 정하면 처음으로 보이는 지표들이 있다. 가령 '이번 달 매출은 5백만원이다'라는 정보만으로는 그것이 좋은지 나쁜지 알 수 없다. 시계열로 매출 추이를 봄으로써 매출이 늘어나는지 혹은 줄어들고 있는지의 의미를 파악해야 실행할 액션을 생각할 수 있다. 이처럼 입수한 정보를 시간축에 배치하여 다시 파악하는 사고방식은 분석적인 사고에 반드시 필요하다.

사고 방법

❶ 정보를 정리하고 가시화한다 수집한 정보를 정리하고 선형그래프나 막대그래프를 이용하여 가시화한다. 이때 수집하는 데이터는 다양하다. 매출이나 판매 수, 서비스 등록자 수, 웹사이트 방문자 수와 같은 고객과 관련된 수치도 있고 사원 수나 이직률과 같은 조직과 관련된 수치도 있을 것이다. 시간적 변화를 가시화해 문제 해결 전략을 세울 수 있다.

참고 시간 축을 어떻게 설정할 것인가

시간 축을 어떻게 설정하느냐에 따라 얻을 수 있는 의미가 달라지므로, 시간 축을 어떻게 설정해야 하는지 잘 생각해야 한다. '일 단위'와 '월 단위'와 '연 단위'의 여러 관점에서 검토해야 하는데, 단기적으로는 순조로운 것처럼 보여도 장기적으로 보면 문제가 될 때가 있기 때문이다. 아울러 언제부터 언제까지의 구간을 정하는 것도 주요 검토 사항이다.

❷ 고려할 포인트를 뽑는다 가시화된 정보로부터 고려할 만한 의미 있는 지점을 뽑는다. 시간의 변화에 따라 어떤 요소가 줄어들고 있는지 파악하면서 그런 변화가 일어나는 요인이나 배경이 무엇인지 생각해본다. 수치가 급격히 오르거나 내려가서 기울기가 크게 바뀐 시기가 있으면 그 부분을 주목해 변화의 요인을 찾아보자. 왼쪽 페이지에서 나타낸 그래프의 점포 A와 같이 계속 성장하고 있다는 결과를 얻었다면, 어떤 정책에 의해서 성장하고 있는지 확인하는 것이 좋다. 점포 B의 5월 시점과 같이 순간적인 성장이 있는 경우 그 시기에 무슨 일이 있었는지를 생각하면, 어떤 액션을 해야 할지에 대한 힌트를 얻을 수 있다.

시계열로 볼 것인가, 하나의 시점을 볼 것인가

시계열 분석에서는 시간을 기준으로 특정 요소의 변화를 고려한다. 한편 특정 시점에서 여러 요소의 관계성을 고려하는 것도 중요하다. 예를 들어 자사 점포 수의 추이를 시계열로 보는 것도 중요하지만, 현시점의 경쟁 점포 수와 비교하는 것도 중요하다. 시계열 분석과 특정 시점에서의 분석, 양쪽 모두 사용할 필요가 있다.

56 Why 사고(원인분석)

'Why(왜)?'를 생각하는 것으로 문제의 원인을 깊게 파고든다

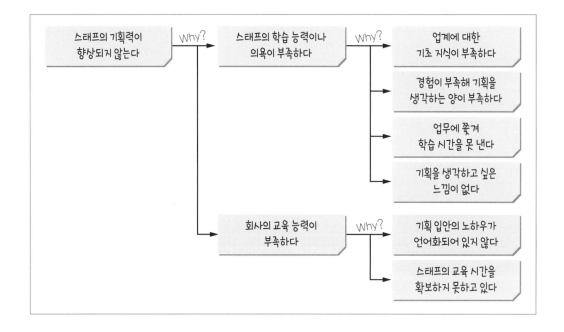

기본 정보

Why 사고는 4장에서도 언급했지만(사고법 ③⑤ 참고), 문제의 원인을 더 자세히 알아보기 위해서 활용하는 방법을 설명한다. 문제라고 여기는 대부분은 표면적인 문제(상황만 파악한 상태)에 지나지 않아서, 그 상태에서 해결책을 생각하면 단기적인 것밖에 나오지 않는다. 따라서 문제의 근본 원인을 깊이 파헤치고 해결책을 생각해야 효과적인 해결책을 생각할 수 있다. 4장의 Why 사고(목적탐색형)도 Why를 묻는 방식이지만 그 목적은 '목적의 명확화'였다. 여기에서 Why 사고(원인분석형)는 '문제의 원인을 특정'하기 위해서 사용된다. 전자(목적탐색형)는 미래로 Why를 묻고, 후자(원인분석형)는 과거로 Why를 묻는 사고라 할 수 있다. 이 책에서는 'Why(왜)를 묻는 것이 중요하다'라고 반복해서 말하고 있지만 두 유형을 혼동하지 않게 잘 다뤄보자.

사고 방법

❶ 문제를 설정한다　깊이 파고들고 싶은 문제를 선택한다. 왼쪽 페이지의 예시는 '스태프의 기획력이 향상되지 않는다'라는 고민을 문제로 설정해 원인을 깊게 파헤치고 있다.

❷ Why를 묻는다　설정한 문제에 대해 'Why(왜)?'를 묻고 주요 원인으로 생각되는 요소를 써낸다.

❸ 또 Why를 묻는다　❷에서 쓰기 시작한 원인에 대해서 한 번 더 Why를 묻고, 각각의 원인을 더 깊게 생각해 간다. 이후 원인을 제거함으로써 문제를 해결할 수 있다고 생각하는 수준까지 Why를 반복한다. 도요타의 생산 방식으로 알려진 '5Why 분석'에서는 Why를 5회 반복하는 것을 추천한다.

> **참고** 특정 사람의 탓으로 돌리면 안 된다
> 문제의 원인이 '특정인에게 있다'는 결론은 바람직하지 않다. 특정인의 잘못이라고 단정해 버리면, 바이어스(bias, 선입견)이나 감정에 치우쳐 원인을 제대로 분석하지 못하고 논리가 왜곡될 수 있다. 문제 해결도 당사자에게 맡기게 되어, 알아서 해결하라는 식의 모호한 해결 방안이 나오기도 한다. 문제의 원인이 구조나 시스템, 규칙, 흐름(flow), 업무 내용 등에 있는지, 개선할 여지가 있는지를 찾아야 한다.

❹ 전체 그림을 정리한다　쓰기 시작한 내용의 전체 그림, 각 요소 간의 관계성, 상위 개념 및 하위 개념의 관계를 정리한다. 정리한 후에는 각각의 원인에 대한 해결책을 생각해 보자.

What → Why → How 순서로 생각하기

문제를 발견하고 원인을 특정하고, 해결책을 생각하는 흐름은 'What → Why → How'의 순서를 의식하면 생각하기 쉽다. 먼저 무엇이 문제인지(what) 파악하고, 그 문제가 왜 존재하는지(why) 분석하고, 해결하기 위한 방법(how)을 생각하자는 흐름이다. 문제의 해결책이 생각나지 않을 때 이 흐름을 의식해보자.

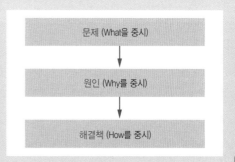

인과관계 분석

원인과 결과의 관계를 생각한다

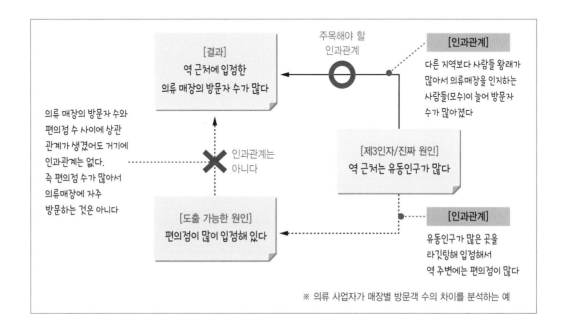

주목해야 할
인과관계

[결과]
역 근처에 입점한
의류 매장의 방문자 수가 많다

[인과관계]
다른 지역보다 사람들 왕래가
많아서 의류매장을 인지하는
사람들(모수)이 늘어 방문자
수가 많아졌다

의류 매장의 방문자 수와
편의점 수 사이에 상관
관계가 생겼어도 거기에
인과관계는 없다.
즉 편의점 수가 많아서
의류매장에 자주
방문하는 것은 아니다

인과관계는
아니다

[제3인자/진짜 원인]
역 근처는 유동인구가 많다

[도출 가능한 원인]
편의점이 많이 입점해 있다

[인과관계]
유동인구가 많은 곳을
타깃팅해 입점해서
역 주변에는 편의점이 많다

※ 의류 사업자가 매장별 방문객 수의 차이를 분석하는 예

기본 정보

두 개의 사물에서 한쪽이 증가하면 다른 쪽이 증가 또는 감소하는 관계를 상관관계라고 한다. 이 중에서
사물의 관계가 원인과 결과의 관계라면 **인과관계**라고 한다. 인과관계는 'A(원인)이기 때문에 B(결과)다'로
표현할 수도 있다. 예를 들어 '프린터 설정을 잘못했다'라는 원인이 있어서 '쓸데없는 인쇄비가 발생한다'
라는 결과가 있는 관계나 '입지가 좋은 장소에 입점했다'라는 원인 때문에 '매출이 증가했다'라는 결과가
있는 관계가 인과관계다. 문제의 인과관계를 제대로 파악하면 올바른 대응 방안을 생각할 수 있다. 사물
간의 관계를 파악하는 사고력을 강화하고 문제의 분석력을 높이자.

사고 방법

❶ 원인이라고 생각되는 것을 찾는다 인과관계를 분석하고 싶은 현상에서 결과가 일어나는 원인의 후보들을 찾는다. 왼쪽 페이지의 예에서 의류 사업자가 가게마다 방문자 수를 조사하고 역 부근의 가게 방문자 수가 많아지는 원인을 분석하고 있다. 역 근처의 매장과 다른 지역의 매장을 비교하여 어떤 차이가 있는지 생각한다.

❷ 인과관계를 정리한다 아래의 '참고'에서 언급하는 조건을 의식하면서 ❶에서 찾아낸 원인의 후보와 결과를 대조하여 인과관계를 정리한다. 예시에서 '역 부근은 사람의 왕래가 잦다'는 원인이 있고, '방문자 수가 많다'라는 결과로 연결된다고 생각할 수 있다.

> **참고** 인과관계가 성립하는 3가지 조건
>
> 첫 번째 조건은 시간 축으로 먼저 원인이 있어야 한다. 두 번째는 상관관계가 존재해야 한다. 인과관계인 것은 모두 상관관계가 있다. 세 번째는 제3인자가 존재하지 않는다. 제3인자란 두 가지 현상을 각각 일으키는 공통의 원인이다. 제3인자가 존재하면 두 사건 사이에 인과관계가 있는 것처럼 착각하기도 한다. 예시의 경우 '샵 방문자 수'와 '편의점 수'는 상관관계가 될 수 있지만 인과관계는 아니다. 이때 '역 부근은 사람의 왕래가 잦다'라는 제3인자가 존재한다.

❸ 방안을 생각한다 인과관계를 파악한 후에 목적을 달성하기 위한 방안을 생각한다. 여기에서 예를 들어 앞으로 매장 오픈 계획을 세우고 싶다면 편의점의 수가 많은 것이 아니라 사람의 왕래를 기준으로 조사해야 한다.

인과 관계의 패턴을 알다

인과관계에는 원인과 결과의 관계가 'A → B'와 같이 단방향인 것(오른쪽 위 그림)과 양방향으로 순환(loop)하는 것(오른쪽 아래 그림)이 있다. 루프처럼 순환하는 인과 관계에 대해서는 다음 절(사고법 ❺❽ 참고)에서 좀더 자세히 살펴볼 것이다. 이렇게 두 개의 인과가 복잡하게 얽혀 문제를 일으키는 경우도 많다.

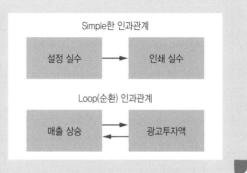

58 인과 루프

문제의 순환 구조를 파악한다

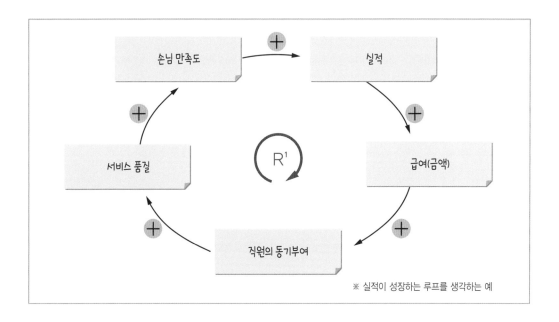

※ 실적이 성장하는 루프를 생각하는 예

기본 정보

인과 루프란 사물의 원인과 결과가 순환하고 있는 관계를 말한다. 예를 들어 '달걀의 수'와 '닭의 수'처럼 한쪽이 늘어나면 다른 쪽도 늘어난다는 인과관계가 서로 성립되는 경우다. 'A(원인) → B(결과)'와 'B(원인) → A(결과)'의 쌍방이 성립하는 것이다. 인과 루프에는 사물의 변화를 촉진하는 자기 강화형 루프와 변화를 결속시켜 균형을 유지하려고 하는 밸런스형 루프가 존재한다. 비즈니스 문제든 사회 문제든 이런 루프들이 여러 가지로 작용하면서 문제가 형성된다. 위 그림과 같은 인과 루프도를 사용하면 문제에 작용하는 요인들 간의 관계성을 하나의 구조로 이해할 수 있다.

---

1 그림에서 R 기호는 자기 강화(self-reinforcing)형 루프에서, 다음 상의 그림에서 나오는 B 기호는 밸런스(Balancing)형 루프에서 인용됐다. - 옮긴이

사고 방법

① **변수 간의 인과를 생각한다** 매사에 영향을 준다고 생각되는 변수를 써낸다. 변수는 가능하면 명사로 쓰자. 존재하는 문제나 행동의 내용, 목표가 되는 지표, 자원 등을 쓰고 그중에서 중요한 것들을 생각한다.

② **관계성을 도식화한다** 변수와 그 사이의 인과관계를 그림으로 그려본다. 구체적으로 화살표와 플러스(+), 마이너스(-) 기호를 이용한다. '+'는 원인이 늘어나면 연동되어 결과도 늘어난다(원인이 줄어들면 결과도 줄어든다). 즉 동(同)의 관계성(R로 표시)이라고 한다. '-'는 원인이 늘어나면 결과가 줄어든다(원인이 줄면 결과가 늘어난다)는 역(逆)의 관계성을 나타낸다(B로 표시). 왼쪽 페이지의 예는 모두 '+'이므로 뭔가 하나의 변수가 좋은 방향으로 움직이면 다른 것들이 연동되어 선순환되고, 나쁜 방향으로 움직이면 연동되어 악순환될 수 있다. 작성한 루프 안에 있는 기호 개수를 세어 '-'가 짝수(제로 포함)이면 '자기 강화형 루프', 홀수인 경우를 '밸런스형 루프'라고 부른다. 전자는 지속해서 변화를 촉진하는 확장적인 루프로 'R'의 부호를 적는다(왼쪽 그림 중앙). 후자는 변화를 억제하고 균형으로 향하는 루프로 'B'의 부호를 적는다.

③ **대책을 생각한다** 작성한 루프맵(loop map)를 본 후 문제 해결을 위한 방법을 생각한다. 왼쪽 페이지의 그림 루프에서 실적이 나빠져서 악순환에 빠져 있다면, 마이너스 루프를 끊거나 선순환으로 전환하기 위한 정책이 필요하다. 예로 고객만족도를 높이기 위한 마케팅 정책을 재검토하거나 급여 이외의 방법으로 동기부여를 시키는 대처를 하는 등 악순환 루프를 차단할 변수를 포함하는 것도 고려해야 한다. 특정 요인의 정책이 전체에 미치는 결과를 파악해 두는 것이 중요하다. 이 과정에서 전체가 아닌 부분이 최적으로 빠지지 않도록 주의하자.

5장 / 분석력을 높인다

밸런스형 루프의 예시

왼쪽 페이지의 인과 루프도는 자기 강화형 루프에 해당한다. 다른 한쪽의 밸런스형 루프는 오른쪽 그림의 예로 알기 쉬울 것이다. 매일 자신이 관계하는 사물들 간에 어떤 루프가 존재하고 있는지 의식해보자.

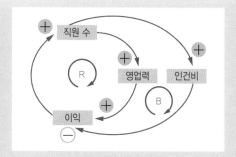

59 시스템적 사고

요소들의 복잡한 연결을 파악해서 문제를 하나의 시스템으로 이해한다

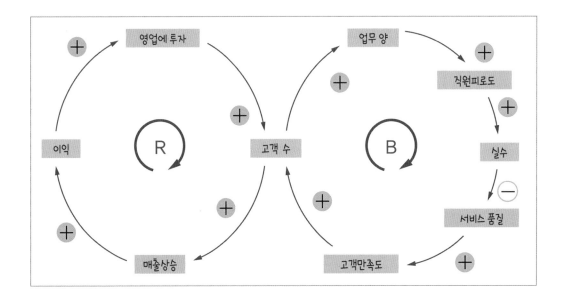

기본 정보

시스템적 사고란 서로 영향을 미치는 요소를 시스템(체계)으로 파악하여 문제가 발생하는 구조를 이해하고 개선하기 위한 사고법이다. 시스템적 사고법은 부분적인 인과관계뿐만 아니라 요소의 연결이나 전체 구조를 체크할 수 있는 것이 장점이다. 눈앞의 문제에 그때그때 부분적으로 대응하기보다 문제의 구조를 이해해서 근본적인 문제 해결을 목표로 한다. 예컨대 매출 감소에 대응하기 위해 영업을 강화한다고 해 보자. 영업을 강화해 고객 수가 증가할 수도 있지만, 직원들의 피로도가 높아지고 서비스의 품질이 낮아져 결국 매출 감소로 이어지는 요인이 된다면, 영업을 강화하는 대응이 역효과가 될 수도 있다. 구조 레벨에서 문제를 이해하고 해결이 필요한 상황은 종종 생길 수 있다. 여기서는 빙산 모델(힌트 참고)에 따른 시스템적 사고의 진행 방법을 소개한다.

사고 방법

❶ **일어난 일을 확인한다**　사건을 잘 관찰하고 사실을 파악한다. 예를 들어 '고객 수가 순조롭게 증가하고 있다고 생각할 때마다 곳곳에서 실수가 일어나 사업의 성장이 정체된다'라고 고민하고 있다면 실수의 내용, 그때의 조직 상태, 관련된 인물, 영향 받는다고 생각되는 요소 등의 정보를 수집한다.

❷ **패턴을 가시화한다**　시간을 거슬러 과거에도 같은 일이 없었는지를 생각하고 패턴을 가시화한다. 성장이 정체되기 전후로 무슨 일이 일어났는지, 가령 '영업 투자를 늘린 후 일이 많아져 직원이 피로해지고, 사업이 정체된다' 등 문제의 전후에 공통의 변화가 있는지 분석한다.

❸ **구조를 생각한다**　❷의 패턴이 왜 생기는지, 패턴에 영향을 주는 구조를 생각한다. 요소와 요소의 관계성을 생각하면서 인과관계를 가시화해 나가자. 인과 루프도(사고법 ❺❽ 참고) 등의 방법을 이용하고, 패턴이 생기는 구조의 가설을 세워 조사와 대화를 반복하면 더 깊게 이해할 수 있다.

❹ **멘탈 모델을 생각한다**　구조보다 더 깊은 레벨로 시스템에 영향을 주고 있는 멘탈(mental) 모델을 생각한다. 관련된 사람들의 가치관, 신념, 사물의 견해 등 의식 및 무의식에 있는 전제를 언어화한다.

❺ **해결책을 생각한다**　❸과 ❹를 해결하는 방법을 생각하고 시스템 전체가 더 잘 동작하는 방법을 생각한다.

빙산 모델

눈에 보이는 사물이나 사건은 어디까지나 빙산의 일각에 지나지 않고, 근저에는 구조나 멘탈 모델의 영향이 존재한다는 것이 '빙산 모델'이다. 어떤 문제에 반사적으로 대처하기보다 대화를 반복하면서 근본 원인을 밝혀 문제를 이해하고 해결책을 찾는 것을 목표로 하자.

KJ법

단편적인 정보를 통합하여 새로운 발상을 촉구한다

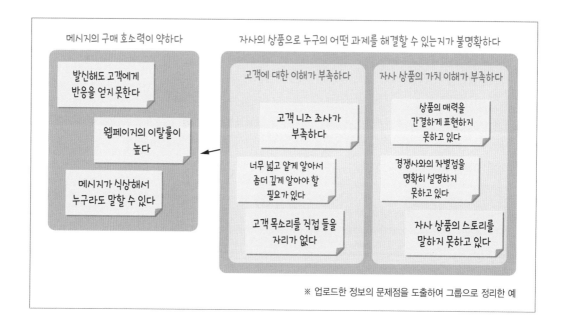

메시지의 구매 호소력이 약하다

자사의 상품으로 누구의 어떤 과제를 해결할 수 있는지가 불명확하다

발신해도 고객에게 반응을 얻지 못한다

웹페이지의 이탈률이 높다

메시지가 식상해서 누구라도 말할 수 있다

고객에 대한 이해가 부족하다

고객 니즈 조사가 부족하다

너무 넓고 얕게 알아서 좀더 깊게 알아야 할 필요가 있다

고객 목소리를 직접 들을 자리가 없다

자사 상품의 가치 이해가 부족하다

상품의 매력을 간결하게 표현하지 못하고 있다

경쟁사와의 차별점을 명확히 설명하지 못하고 있다

자사 상품의 스토리를 말하지 못하고 있다

※ 업로드한 정보의 문제점을 도출하여 그룹으로 정리한 예

기본 정보

KJ법이란 아이디어나 정보의 단편적인 소재들을 관련지어 통합함으로써 사고 대상의 전체 모습을 이해하거나 새로운 발상의 시작점을 발견하는 사고법이다. 과제의 정리나 아이디어 발상 등 다양한 상황에서 활용된다. 이 기법을 고안한 가와키타 지로(川喜田 二郞)의 이름을 따서 **KJ법**이라고 한다. 순서는 소재가 되는 아이디어나 정보를 먼저 카드에 기록한 후 그룹핑한다. 거기에서 그룹의 관계성을 그리거나 문장화하면서 정보를 구조화해 간다. KJ법은 개인은 물론 여러 명이 활용할 수 있다. 사람들 각자의 의견이나 해석에 차이가 있기 때문에 이를 활용하는 것이 핵심이다. 서로의 생각을 소중히 받아들여 건설적인 대화로 만들어나가자. 다른 관점이나 경험, 지식을 가진 멤버와 자연스럽게 이야기할 수 있게 되면 생각도 풍부해져 결과적으로 더 좋은 아이디어를 낼 수 있다.

사고 방법

❶ 소재가 되는 정보를 카드에 기록한다 과제나 목적에 관한 정보를 수집한다. 수집한 데이터, 관찰에서 얻은 통찰, 인터뷰에서 얻은 정보, 발상했던 아이디어, 알아낸 것 등을 카드에 써낸다.

❷ 그룹으로 분류한다 기록한 카드 중에서 내용이나 의미의 관련성이 높은 것을 그룹으로 묶는다. 카드 사이에 있는 유사성이나 각 카드의 의미를 검토한 후 그룹핑의 범위를 생각한다. 만약 여기에서 어느 그룹에도 속하지 않는 카드가 있는 경우에는 무리하게 그룹핑하지 않고 단독으로 두어도 상관없다.

❸ 그룹의 이름을 짓는다 분류된 카드를 보면서 각 그룹이 무엇을 의미하고 말하는 것인지 생각하고 그룹의 이름을 짓는다.

❹ 그룹 간의 관계성을 그림으로 표현한다 그룹 단위의 관계성을 생각하고, 원이나 화살표를 이용하여 그룹 간의 관계성을 그림으로 표현한다. 또 여러 그룹을 더 크게 묶는 그룹을 생각할 때는 큰 그룹으로써 새로운 그룹핑 작업을 한다.

❺ 언어로 표현한다 그림으로 표현한 내용을 한 문장으로 만드는 과정에서 논리적으로 설명하려고 하면 무리가 될 수 있다. 이때 그림으로 표현한 내용을 다시 생각하거나 무리가 되는 이유를 고려하면, 생각의 새로운 방법으로 이끌 수 있다. ❹와 ❺는 보완적인 프로세스로 그림으로 표현해 그룹 간의 관계를 전체적으로 관찰하고, 문장으로 표현한 것으로 정확도를 높이는 형태로 반복하면서 이해와 발견을 진행해간다.

이질적인 소재의 편성을 생각한다

KJ법의 핵심은 그룹핑이지만, 그룹핑할 때 기존 지식과 경험을 기반으로 자신의 사고방식을 주입하면 이 사고법의 매력이 떨어진다. 소재가 되는 아이디어나 정보에서 지금까지 없었던 분류의 방법이나 의미를 찾을 수 없는지 검토한다. 그러기 위해서 비슷한 것뿐 아니라 이질적으로 보이는 것들 사이에서 유사성을 찾아낼 수 있는지 검토해야 한다.

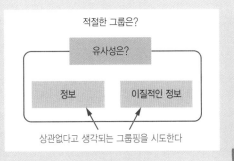

적절한 그룹은?

유사성은?

정보 　　이질적인 정보

상관없다고 생각되는 그룹핑을 시도한다

179

5장에서는 가설이라는 말이 여러 번 등장했다. 문제를 해결할 때 가설을 이용한 사고방식은 중요하므로 여기서는 흐름을 살펴본다. 가설 사고(사고법 ❹❽ 참고)는 가설을 검증하면서 결론의 질을 높이는 것이다. 이것을 추론(inference)의 맥락으로 말하면 '연역 → 귀납 → 귀추'의 사이클을 반복함을 의미한다.

가설을 생각한다

각 사고법의 활용 목적이나 상황을 확인하면서 실제로 자신이 지금 안고 있는 문제나 과제를 떠올려 가설을 머릿속으로 생각해보자. 먼저 사고하는 목적을 명확히 한다. 목적에는 문제의 발견 및 분석, 원인 분석, 해결책의 도출 등 여러 가지가 있을 것이다. 물론 마케팅 정책의 방향성이나 신상품의 아이디어를 생각하는 것이 목적이 될 수도 있다.

설정한 목적을 위해 먼저 수중에 있는 정보를 수집하고 정리한다. 축적하고 있는 데이터나 눈앞의 상황을 관찰해서 얻는 정보로부터 가설을 생각해 낸다. 정보를 가설로 정리할 때의 핵심은 '귀추(abduction)'라는 설명가설의 개념을 활용하는 것이다. 데이터와 관찰 결과를 '설명'하다 보면, 의문점이나 불명확한 점들이 명확해지고, 이런 과정에서 가설이 형성되고 검증항목이 식별된다. 가설이 올바른지 어떤지 '연역을 통한 구체화'와 '귀납에 의한 검증'을 통해 확인하고 개선해 간다. 더불어 연역과 귀납

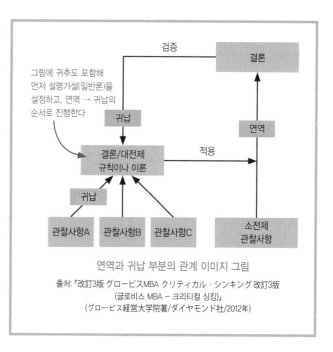

연역과 귀납 부분의 관계 이미지 그림

출처: 『改訂3版 グロービスMBA クリティカル・シンキング 改訂3版
(글로비스 MBA – 크리티컬 싱킹)』
(グロービス経営大学院著/ダイヤモンド社/2012年)

은 왼쪽 페이지의 그림처럼 순환ⓐ하고 있어서 검증의 결과를 확인한 후 더욱 질 높은 가설을 생각하는 형태로 한층 더 크게 순환ⓑ한다.

프로모션이 실패한 원인의 가설을 생각해 보자

아래 그림의 예는 '풋살 경기장 사업자가 매장 리뉴얼 시 프로모션의 효과가 나타나지 않고 있다'라는 상황이다. 가설과 검증을 반복하면서 문제의 원인을 파악하려고 한다.

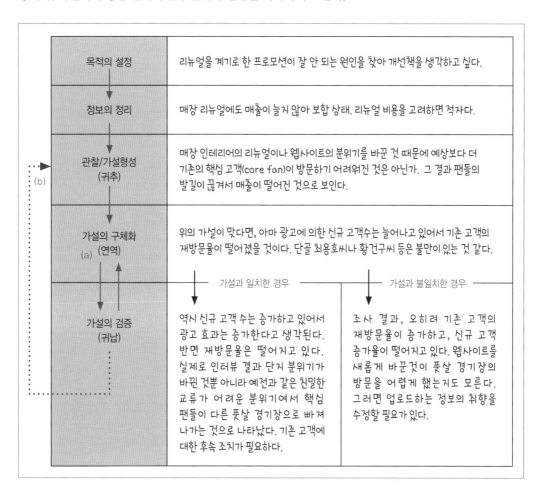

메뉴 개선의 가설을 생각해보자

한의원을 운영하는 사업자가 서비스 메뉴를 새롭게 만들었을 때 일어난 매출의 변동을 바탕으로 더 좋은 메뉴를 생각하는 사고 방법의 사례다.

목적의 설정	매출 증가를 위해 더 좋은 메뉴를 생각하고 싶다.
정보의 정리	기존 메뉴에 있는 플랜A와 플랜B에 추가로 고가의 플랜C를 준비했는데, 내용을 바꾸지 않은 플랜B의 매출이 늘었다. 그 결과 전체 매출이 증가했다.
관찰/가설형성 (귀추)	지금까지 플랜B가 최고가였지만, 그보다 높은 가격의 플랜C가 등장하면서 플랜B가 상대적으로 저렴하게 느껴져 구매하기 편해진 것 아닌가?
가설의 구체화 (연역)	일반적으로 그 가설이 성립된다고 하면, 다른 서비스 X나 Y도 마찬가지로 높은 플랜을 준비함으로써 가운데 플랜의 판매 수나 구매율이 상승할 것이다.

	가설과 일치한 경우	가설과 불일치한 경우
가설의 검증(귀납)	X나 Y에서도 고가의 플랜을 마련해 보면, 기존 플랜의 매출이 증가했다. 따라서 가설은 옳다고 생각된다. 향후 전개하는 서비스에서도 팔고 싶은 플랜보다 한단계 더 높은 가격의 플랜을 준비해야 한다.	X나 Y에서도 고가의 플랜을 준비해 보았지만, 차이는 보이지 않았다. 메뉴 구성의 차이에 의해서 판매 수가 증가한 것이 아니라 메뉴의 보여 주는 방식을 새롭게 함으로써 매력을 전달하기 쉬워졌을지도 모른다. 옛날 방식과 새로운 방식을 비교해 볼 필요가 있다.

마케팅 과제의 가설을 생각해보자

온라인으로 자료 작성을 대행하는 서비스를 하는 사업자가 마케팅 정책에 관한 과제를 찾으려는 사례다.

목적의 설정	마케팅 정책의 과제를 제시하고 싶다.
정보의 정리	가격이 높다는 소리를 들었다. 실제로 자사 상품은 아마 시세보다 비쌀 것이다.
관찰/가설형성 (귀추)	자사가 상품을 출시했을 때와 비교하면 경쟁사도 늘어나고 있고, 경쟁사들이 저렴한 가격으로 서비스를 제공하고 있다. 그런 경쟁사 정보와 비교되어 자사 상품이 비싸다고 느끼는 사람이 증가하고 있다고 생각된다.
가설의 구체화 (연역)	경쟁사의 가격 전략을 조사한다. 또 고객 만족도 조사 항목 중에 가격에 대한 설문조사를 한다. 저가격 전략을 취하고 있는 경쟁사의 인기가 높을 것이다. 고객 설문 조사에서 자사 상품의 가격 만족도가 낮을 것이다.

가설의 검증 (귀납)	─── 가설과 일치한 경우 ─── 가설의 검증 (귀납)조사 결과, 시세는 많이 내려가고 있다. 실제로 자사 서비스를 계속 이용하는 고객들도 가격 만족도가 낮은 것으로 나타났다. 또 구독형(정액 서비스) 메뉴를 전개하고 있는 경쟁사가 증가하고 있어서 자사도 요금제를 재검토할 필요가 있다.	─── 가설과 불일치한 경우 ─── 경쟁사의 가격 전략은 제각각으로 자사는 평균보다 조금 높은 정도다. 아날로그 이벤트 개최나 미디어 운영을 전개하는 경쟁사가 증가하고 있어 광고 하나로 고객을 유치하려는 전략에 문제가 있을 것 같다. 가격보다 '리드 육성(lead Nurturing)[2]'이 우선과제로 선정되어야 한다.

---

2 마케팅에서 사용되는 용어로 잠재적 고객과의 지속적이고 폭넓은 의사소통 혹은 상호작용을 하는 것이다. 예를 들어 이메일, 전화, 세미나, 블로그, 신문기사 등이 고객과 의사 소통을 하는 수단이다. 리드 육성이 더 발전되면, 고객 육성(Customer Nurturing)이 된다. – 옮긴이

앞의 Exercise를 계속해서 가설 검증의 생각법을 연습해보자. 앞에서는 연역, 귀납, 귀추과 같은 논리적인 측면에서의 접근이었다. 여기서는 수치를 활용하는 통계적인 측면에서 가설 검증의 사고 방법을 익혀보자.

매출에 영향을 주는 요인을 찾으려면

데이터 관리 시스템 판촉 회의를 하고 있고, 신규 계약 건수가 적음을 문제로 삼는 상황이다. 특정 문제점을 규명하기 위해 갖고 있는 정보에서 아래 그림과 같이 (1), (2), (3)의 세 가지 가설을 세웠다. 가설을 근거로 무엇을 조사할지를 생각하고 실제로 데이터를 수집해 검증한다.

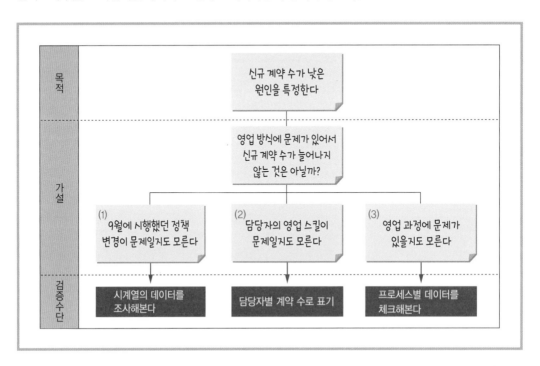

[가설(1)] 시계열 데이터를 정리해보자

(1)의 '9월에 실시한 정책 변경이 문제일지도 모른다'
는 가설을 검증하기 위해서는 시계열 데이터를 조사할
필요가 있다. 그 결과 과거 1년 간 신규 계약 건수의
추이가 오른쪽 그래프와 같았다고 하자. (a)와 같은 결
과가 나온 경우, 신규 계약 건수가 낮아진 것은 10월
부터이며, 9월의 정책 변경이 영향을 미쳤을 가능성이
충분히 있다고 생각된다. 이때는 가설이 옳다고 생각

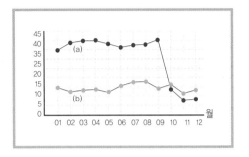

하고, 정책 변경에 의한 변화를 더 세세하게 분석하고 개선책을 수립한다. 반면 (b)와 같은 결과가 나왔
다면, 거의 균등한 추이를 보이고 있으므로 시간적인 문제는 아니라고 생각된다. 즉 정책 변경의 문제가
아니라 담당자의 스킬이나 프로세스 등 다른 문제를 의심해봐야 한다.

[가설(2)] 담당자별 데이터를 살펴보자

다음으로 (2)의 가설을 바탕으로 모은 데이터를 살펴
보자. 가로축에 담당자, 세로축에 신규 계약 건수로
설정했다. 담당자의 스킬에 따라 성과에 차이가 있는
지를 체크하기 위해서다. 담당자별로 데이터를 정리
하여 오른쪽 그래프와 같은 결과가 나왔다고 가정하
자. 담당자별로 차이가 있기 때문에 영업이나 마케
팅, 판촉방법 등 고객과의 커뮤니케이션 방식에 차이

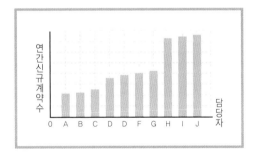

가 있다고 생각된다. 계약 건수가 가장 많은 담당자와 가장 적은 담당자의 영업 방법을 비교해 보는 등,
다음 가설을 세울 힌트를 찾는다. 만약 데이터가 평균적으로 분포하면 담당자별 커뮤니케이션의 문제라
고는 생각하기 어려워서 상품이나 툴 등 무언가 다른 포인트에 문제가 있다고 판단할 수 있을 것이다.

[가설(3)] 프로세스별 데이터를 살펴보자

가설(3)을 생각해보자. 여기에서는 영업의 프로세스를 분해하고, 실적이 높은 김인태 씨와 낮은 송석리씨의 수치를 퍼널(funnel) 분석 방법으로 정리하고 있다. 둘 사이의 차이에 주목하여 개선의 힌트를 찾는다.

만약 오른쪽 그래프와 같은 결과가 나왔다면, '리스트 → 약속', '제안 → 계약'의 프로세스에서 두 담당자 간 차이가 발견된다.

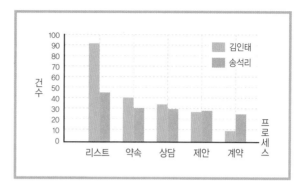

실적이 높은 김인태씨가 제안 포맷이나 생각을 사내 강연으로 공유함으로써 전체의 성과를 높일 수도 있다.

이렇게 하나의 가설에서 다음 가설이 만들어진다. 이 예에서 비교하기 위해 퍼널 분석을 이용하고 있지만, 전체 수치를 하나의 그래프로 표시해서 문제 있는 프로세스를 분석하는 것도 가능하다.

참고 체험 행사 개최 횟수와의 상관관계를 살펴본다

가설에는 포함되지 않았지만, 상관관계의 관점에서도 정보를 분석해보자. 예를 들어 서비스 체험 행사의 개최횟수는 신규 계약 건수에 영향을 주고 있는지를 알아내기 위해 회귀 분석(사고법 **54** 참고)의 생각을 활용해 본다. 여기에서는 '신규 계약 건수'를 종속 변수, '체험 행사의 개최 횟수'를 독립 변수로 하여 과거의 데이터를 정리해 본

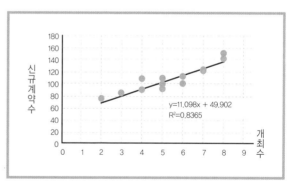

다. 상관이 있음을 알게 되면, 체험 행사를 하는 것이 의미가 있게 된다. 또한 '체험 행사 1회당 vs 신규 계약 건수'의 회귀식을 도출할 수 있어서 판촉 플랜 계산을 쉽게 할 수 있다. 상관관계가 없다면 현재 상황이나 내용에서 체험 행사의 구매 판촉 효과는 낮다고 볼 수 있다.

기존 고객의 데이터로부터 자사 서비스가 어떤 업종에 잘 맞는지 보고 접근 방법을 생각해보자.

어떠한 업종의 기업이 계약하고 있는지를 파악함으로써 영업 대상 선정에 활용할 수 있다. 가로축에 '업종', 세로축에 '누적 계약 회사 수'를 위치하여 그래프를 작성했을 때 오른쪽 그래프와 같은 결과를 얻었다고

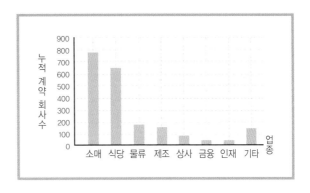

하자. '소매'와 '음식'이 볼륨 존(volume zone)이라는 것은 쉽게 알 수 있을 것이다. 배경을 파고들어 분석하면 전략 설계의 힌트를 찾을 수 있다. 현재 영업 팀이 주력하는 기업의 업종과 고객 데이터를 비교함으로써 전략을 조정할 수 있다. 만약 이것이 균등하게 분포되어 있다면 업종이 아닌 기업 규모나 영역의 데이터를 살펴보는 것도 좋다.

데이터를 취급할 때 주의하면서 유효하게 활용한다

데이터를 취급하는 사고력이나 통계적 사고의 접근 방법이 능숙해지면 자신에게 강한 무기가 될 수 있다. 단, 데이터를 취급할 때는 주의도 필요하다. 이번에 거론한 것만도 5개의 예시가 있는데 이 밖에도 데이터를 분석, 검증하는 방법은 많이 존재한다. 데이터의 해석 방법도 다양하다. 그래서 분석의 목적을 명확하게 설정해야 한다. 데이터는 기본적으로 과거의 정보이며 미래를 결정하는 정보가 아니다. 따라서 데이터를 이용해 가설을 검증함과 동시에 항상 비판적인 시각을 가지는 것이 중요하다.

덧붙여 상관관계나 인과관계를 본격적으로 분석하려면, 통계나 데이터 분석의 전문 스킬이나 지식이 필요하다. 이 책에서는 구체적인 방법론을 언급하지 않았으니 자세히 알고 싶다면 통계학을 참조하자.

| 정량 · 정성 데이터와 가설 검증

정보를 다루는 방법에는 '정량'과 '정성'이 있는데 분석할 때 이 방법들을 알아두면 좋다. 쉽게 말하면 숫자로 나타낼 수 있는 정보인지 없는 정보인지의 차이다. 정보나 데이터를 잘 활용하기 위해서 차이를 정확히 파악해 두자.

정량 데이터를 분석하여 가설을 검증한다

정량이란 숫자로 표현할 수 있는 요소다. 매출, 고객 수, 가격, 시장규모, 광고비, 성장률, 직원 수, 오류 수 등은 일상의 업무에서 수치로 등장한다. 정량 분석은 특히 가설이 올바른지 여부를 수치로 검증할 때 유효하다. 예를 들어 '패키지 색을 빨강에서 파랑으로 바꾸면 매출이 늘어난다'라는 가설이 있는 경우, 패키지별 매출 데이터를 비교함으로써 가설의 타당성을 검증할 수 있다. 이처럼 정량 분석에서는 수치를 바탕으로 한 명확한 판단 재료를 모을 수 있다. 스스로 의도를 가지고 수치를 모으는 분석 방법이기 때문에 무엇을 측정하면 좋을지를 알려주지는 않는다. 이점을 보완할 수 있는 것이 정성 데이터를 이용한 정성 분석이다.

정성 데이터를 분석하여 가설을 만든다

정성이란 숫자로 표현할 수 없는 의미, 맥락, 현장의 상세한 모습 등의 질적인 정보다. 예를 들어 1,000원짜리 볼펜이 1,000개가 팔렸다는 사실이 있을 때 1,000개가 팔렸다는 것은 정량 데이터다. 그에 반해 '싼 볼펜을 갖고 싶었다', '시험 삼아 써본 후 만족해서 샀다' 등의 1,000개의 볼펜이 팔린 배경에 있는 정보가 정성 데이터다. 정성 분석을 하면 숫자만으로 알 수 없는 행동의 이유나 결과까지 구체적인 프로세스를 밝힐 수 있다. 행동관찰이나 인터뷰를 통해 특정 사건을 깊이 파고들어 가설을 세운다. 실제로 '정량 분석은 가설 검증용', '정성 분석은 가설 입안용'과 같이 목적을 완전히 나눌 수 있지는 않다. 데이터에는 정량과 정성이라는 종류가 있다는 것을 알고, 목적에 따라 어떤 데이터를 조사해야 하는지 생각해야 한다는 점이 중요하다. 정량과 정성의 개념을 활용하여 분석을 효과적으로 진행해 보자.

발상을 도와주는 비즈니스 프레임워크

 01 AS-IS/TO-BE

이상적인 모습(TO-BE)과 현재의 모습(AS-IS)을 비교하고 그 차이를 극복할 때 사용하는 프레임워크다. 이상과 현실의 간극을 '문제'로 인식하고 그 차이를 분석하면서 문제를 해결할 방법을 찾는다.

As is	To be

 02 6W2H

8가지 질문으로 생각의 폭을 넓혀주는 프레임워크다.
'누가(Who)', '누구에게(Whom)', '무엇을(What)', '어떻게(How)', '왜(Why)', '언제(When)', '어디서(Where)', '얼마나(How much)'를 물어보면서 생각할 대상을 다면적으로 살펴본다.

누가 Who	누구에게 Whom	무엇을 What
어떻게 How	대상	왜 Why
언제 When	어디서 Where	얼마나 How much

 03 통제 가능/불가능

스스로 노력하면 해결할 수 있는 문제와 아무리 노력해도 해결할 수 없는 문제를 구분해서 생각하는 프레임워크다. 외부 요인으로 통제하지 못하는 문제보다 내부에서 통제할 수 있는 문제를 우선하게 만들어 문제가 조속히 해결되도록 도와준다.

가능	불가능

04 로직 트리

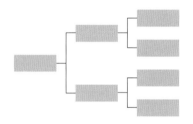

분석할 대상을 분해해서 '전체'와 '부분'으로 정리하는 프레임워크
다. 문제의 대상을 찾는 'What 트리'나 문제의 발생 장소를 찾는
'Where 트리', 문제의 원인을 찾는 'Why 트리', 문제 해결 방법을
찾는 'How 트리'와 같이 목적에 맞게 다양한 형태로 활용할 수 있다.

05 긴급도/중요도 매트릭스

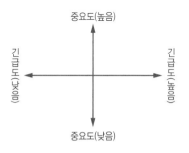

어떤 대상의 우선순위를 '긴급도'와 '중요도'의 2가지 관점으로 분
석하고 검토하는 프레임워크다. 전체 그림을 가시화하여 과제의
우선순위를 결정할 때는 물론, 어디에 얼마나 자원을 투입해야 하
는지 살펴볼 때 도움이 된다.

06 의사결정 매트릭스

선택지	항목 1	항목 2	항목 3	합계
A				
B				
C				

과제나 아이디어 같이 여러 가지 대안을 평가하고 선택할 때 사용
하는 프레임워크다. '긴급도', '실현 가능성', '수익성', '장래성' 등
의 다양한 평가 항목으로 채점한 다음 정량적으로 의사결정을 할
수 있다.

 ## 07 PEST 분석

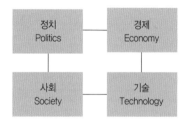

사업에 영향을 줄 수 있는 거시적 환경 요인이 무엇인지 생각하
는 프레임워크다. '정치(Politics)', '경제(Economy)', '사회(Society)',
'기술(Technology)'의 4가지 변수를 분석한 다음, 미래의 시나리오
를 구상하거나 전략을 수립할 때 활용할 수 있다.

08 5 Force 분석

'판매자의 교섭력', '구매자의 교섭력', '업계 내에서의 경쟁', '신규 참여자의 위협', '대체품의 위협'이라는 5가지 변수를 통해 업계의 경쟁 구조를 이해하는 프레임워크다. 업계의 경쟁 구도를 파악하거나 신규 참여할 시장을 분석할 때 활용할 수 있다.

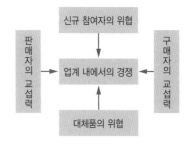

09 SWOT 분석

자사를 둘러싼 주변 환경을 분석하여 강점과 약점을 파악하는 프레임워크다. '좋은 영향/나쁜 영향'과 '내부 환경/외부 환경'을 2축

	좋은 영향	나쁜 영향
내부 환경	강점(S)	약점(W)
외부 환경	기회(O)	위협(T)

으로 '강점(Strengths)'과 '약점(Weaknesses)', '기회(Opportunities)'와 '위협(Threats)'을 분석한다.

10 파레토 분석

고객과 매출의 관계나 영업 담당자와 계약금액의 관계처럼 소수의 사람(요소)가 전체의 대부분을 차지하는 현상을 '파레토 법칙'이라 한다. 이런 생각을 바탕으로 기여도가 높은 요소를 찾고, 어떻게 자원을 배분할지 분석하는 기법이다.

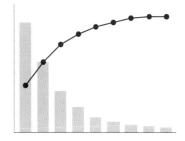

11 공감 지도

고객이 처한 상황이나 감정을 이해할 때 사용하는 프레임워크다. 고객이 현장에서 무엇에 귀 기울이는지, 무엇을 생각하고 느끼는지, 무엇을 바라는지, 무엇이 고민인지 관찰함으로써 타깃 고객의 기분을 이해하고 분석할 때 사용한다.

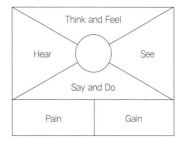

⑫ 4P 분석

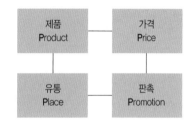

'제품', '가격', '유통', '판촉'의 4가지 요소로 마케팅을 생각하는 프레임워크다. 목표로 하는 시장에 제품을 어떻게 공급할지, 커뮤니케이션을 어떻게 할지를 설계하고 검토할 때 사용한다.

⑬ 가치사슬 분석

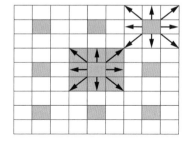

기업이 고객에게 가치를 전달하는 과정을 가시화한 프레임워크다. 직접적인 가치 제공 활동을 '주요 활동'으로, 주요 활동을 돕는 활동을 '지원 활동'으로 분류한 다음 프로세스를 분석하고 개선할 때 사용한다.

⑭ 만다라트

격자 모양의 가운데에 주제를 쓰고 그 주변 칸에 연상되는 아이디어나 키워드를 채워 넣는 아이디어 발상 프레임워크다. 아이디어를 낼 때뿐 아니라 목표를 설정할 때도 쓸 수 있다.

⑮ 형태분석법

	요소	요소	요소
변수			
변수			
변수			

분석할 주제를 여러 변수로 분해하고, 각 요소를 조합하는 방법으로 아이디어를 도출하는 프레임워크다. 상품 개발 같이 아이디어가 필요할 때 생각의 실마리를 찾는 데 효과적이다.

시나리오 그래프

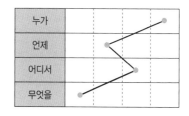

'누가(who)', '언제(when)', '어디서(where)', '무엇을(what)'의 4가지 요소를 조합하여 이야기를 만드는 과정에서 아이디어를 내는 프레임워크다. 후보가 될 요소를 충분히 나열하고 그것을 다양하게 조합하면서 기존의 틀을 깨는 참신한 발상을 한다.

 ## 오스본의 체크리스트

주제

전용	응용	변경
확대	축소	대체
재배치	역발상	결합

아이디어를 낼 때 도움되는 9가지 질문을 정리한 프레임워크다. '전용', '응용', '변경', '확대', '축소', '대체', '재배치', '역발상', '결합'으로 새로운 관점으로 생각한다. 이 책에서 소개하는 '수평적 사고'와 궁합이 잘 맞다.

 ## 장단점 목록

찬성 의견	반대 의견

어떤 주제에 대해 장단점을 정리하여 의사결정의 정확도를 높이기 위한 프레임워크다. 찬반 의견을 객관적으로 볼 수 있어 개인의 주관이나 분위기에 휩쓸려 잘못 판단하는 것을 막을 수 있다.

 ## SUCCESs

간단한 Simple	뜻밖의 Unexpected
구체적인 Concrete	신뢰할 수 있는 Credible
감정을 자극하는 Emotional	이야기 Story

다른 사람의 공감을 얻기 위한 아이디어를 '간단한', '뜻밖의', '구체적인', '신뢰할 수 있는', '감정을 자극하는', '이야기' 6가지 요소로 평가하고 개선하는 프레임워크다. 프레젠테이션을 준비할 때 활용할 수 있다.

20 페이오프 매트릭스

'효과'와 '실현 가능성'의 두 축으로 아이디어를 효과적으로 정리하는 프레임워크다. 전체 그림을 보면서 아이디어를 정리하는 것은 빠지거나 약한 부분은 어디인지 찾는 데 도움 된다.

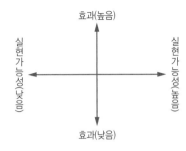

21 BCG 매트릭스

'시장 성장률'과 '시장 점유율'을 축으로 매트릭스를 만들어 사업을 분석하고 전략을 수립하는 프레임워크다. 수익사업과 투자사업을 명확히 하여 효과적인 투자를 검토할 수 있다.

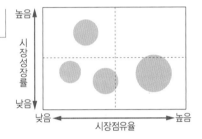

22 앤소프 매트릭스

'시장(고객)'과 '제품'을 '기존'과 '신규'의 축으로 나누어 영역별로 사업 전략을 검토하는 프레임워크다. 주요한 전략의 방향성으로는 '시장 침투', '신제품 개발', '시장 개척', '다각화'가 있다.

		제품	
		기존	신규
시장	기존	시장 침투	신제품 개발
	신규	시장 개척	다각화

23 크로스 SWOT 분석

SWOT 분석으로 파악한 '강점(Strength)', '약점(Weakness)', '기회(Opportunity)', '위협(Threat)'을 축으로 새로운 전략을 세우는 프레임워크다. 자사의 강점을 살리고 약점을 보완할 방법을 '기회'× '위협'의 조합으로 생각할 수 있다.

	강점	약점
기회	전략 1	전략 3
위협	전략 2	전략 4

24 AIDMA

소비자의 구매 프로세스를 가시화한 프레임워크다. 상품이나 서비스를 인지한 후 구매에 이르기까지의 과정을 '인지', '관심', '욕구', '기억', '행동'의 5단계로 나누고 각 단계에서 고객과 커뮤니케이션할 방법을 찾는다.

25 로드맵

목표에 도달하는 과정을 그림으로 표현한 프레임워크다. 사업을 어떻게 발전시킬지 장기적인 계획을 가시화해 공유할 수 있다.

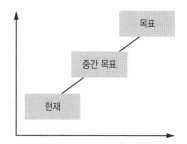

26 KPI 트리

KGI(Key Goal Indicator: 중요업적평가지표)를 정점으로 KPI(Key Performance Indicator: 중요목표달성지표)의 트리로 분해한 프레임워크다. 업무를 할 때 어떤 지표에 따라 평가하고 개선할지 가시화한다.

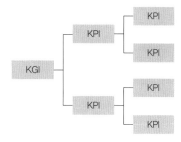

27 AARRR

고객 획득에서 수익화에 이르기까지의 과정을 다섯 단계로 나누고 단계별로 KPI를 정한 다음 가설을 검증하는 프레임워크다. 5단계는 '고객 획득', '고객 활성화', '고객 유지', '고객 전파', '수익 창출'이다.

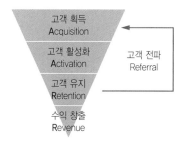

SMART

목표를 적절한 수준으로 설정하는 프레임워크다. '구체적인가', '측정할 수 있는가', '달성할 수 있는가', '성과로 연결할 수 있는가', '기한이 정해져 있는가'의 5가지를 점검하여 목표를 정밀하게 정할 수 있다.

구체적인가	Specific
측정할 수 있는가	Measurable
달성할 수 있는가	Achievable
성과로 연결할 수 있는가	Result-based
기한이 정해져 있는가	Time-bound

 미션/비전/가치

조직이 사회에 존재하는 '목적(미션)'과 되고 싶은 '이상적인 모습(비전)', 중요하게 생각하는 '가치관(가치)'를 정의하는 프레임워크다. 조직과 개인이 어디로 나가야 하는지 방향을 정할 때 유용하다.

 Will/Can/Must

'하고 싶은 것(will)', '할 수 있는 것(can)', '해야 하는 것(must)'의 3가지가 겹치는 부분을 찾아 집중해야 할 업무나 활동 영역을 찾는 프레임워크다.

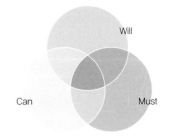

 조하리의 창

타인에게 나를 보여주고 피드백을 받으면서 자신과 타인 간의 상호 이해를 돕는 프레임워크다. 자신이 몰랐거나 다른 사람이 몰랐던 부분을 발견할 수 있어 원활한 커뮤니케이션을 도와준다.

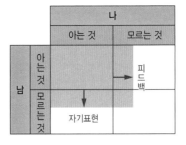

32 인지/행동 루프

인지와 행동은 맞물려 돌아가는 루프로 간주하고 서로의 인식 차이를 가시화하면서 서로의 이해를 높이는 프레임워크다. '서로의 생각은 다를 수 있다'는 것을 인정함으로써 서로가 양보하고 이견을 좁힐 수 있다.

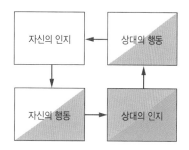

33 PM 이론

'목표 달성 기능(Performance function)'과 '집단 유지 기능(Maintenance function)'의 두 가지 역량으로 리더십을 검토하는 프레임워크다.

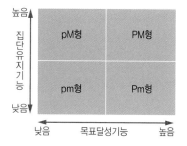

34 동기/위생 이론

일의 만족도에 영향을 주는 요인에는 채워지지 못했을 때 사기가 저하되는 '위생요인'과 채워졌을 때 사기가 오르는 '동기요인'이 있다는 이론이다. 두 요인이 무엇인지 찾아 동기 부여를 잘 할 수 있는 대책을 세운다.

위생 요인	동기 요인

35 Will/Skill 매트릭스

팀원의 '의욕(Will)'과 '역량(Skill)'의 균형을 보고 일을 맡기거나 교육할 방법을 찾는 프레임워크다. 의욕과 역량에 따라 '위임'과 '지도', '독려'와 '명령'의 네 가지 유형으로 육성 방법을 구분한다.

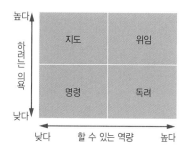

참고 문헌

1장

- 『考える技術・書く技術―問題解決力を伸ばすピラミッド原則(생각하는 기술, 쓰는 기술 – 문제해결력을 키우는 피라미드 원칙)』(バーバラ・ミント著/グロービス・マネジメント・インスティテュート監修/山崎康司訳/ダイヤモンド社/1999年)
- 『ロジカル・シンキング(로지컬 싱킹)』(照屋華子, 岡田恵子著/東洋経済新報社/2001年)
- 『グロービスMBA クリティカル・シンキング(글로비스 MBA 크리티컬 싱킹) 改訂3版』(グロービス経営大学院著/ダイヤモンド社/2012年)
- 『アブダクション 仮説と発見の論理(귀추적 가설의 발견과 이론)』(米盛裕二著/勁草書房/2007年)
- 『メタ思考トレーニング 発想力が飛躍的にアップする34問(메타사고 트레이닝 발상력이 향상되는 34문항)』(細谷功著/PHP研究所/2016年)
- 『メタ認知で<学ぶ力>を高める 認知心理学が解き明かす効果的学習法(메타 인지로 학습력을 높인다 – 인지심리학이 풀어내는 효과적인 학습법)』(三宮真智子著/北大路書房/2018年)
- 『イシューからはじめよ 知的生産の「シンプルな本質」(이슈부터 시작하자 – 지적 생산의 기본)』(安宅和人著/英治出版/2010年)
- 『ディベート道場―思考と対話の稽古(토론 도장 – 사고와 대화의 연습)』(田村洋一著/Evolving/2017年)

2장

- 『仕事も人生もうまくいく!【図解】9マス思考 マンダラチャート(사업도 인생도 잘풀리는 – 9칸 사고 만다라차트)』(松村剛志著/青春出版社/2018年)
- 『アナロジー思考(유추적 사고)』(細谷功著/東洋経済新報社/2011年)
- 『水平思考の世界 固定観念がはずれる創造的思考法(수평적 사고의 세계 – 고정관념에서 벗어나는 창조적 사고법)』(エドワード・デボノ著/藤島みさ子訳/きこ書房/2015年)
- 『コトラーのマーケティング・コンセプト(커틀러의 마케팅 컨셉)』(フィリップ・コトラー著/恩藏直人監訳/大川修二訳/東洋経済新報社/2004年)
- 『素人のように考え, 玄人として実行する―問題解決のメタ技術(아마추어처럼 생각하고 전문가로서 실행하라 – 문제 해결의 메타기술)』(金出武雄著/PHP研究所/2004年)
- 『複雑な問題が一瞬でシンプルになる 2軸思考(복잡한 문제가 한순간에 단순해지는–2축 사고)』(木部智之著/KADOKAWA/2009年)
- 『頭がよくなる「図解思考」の技術(머리가 좋아지는 – 도해 사고의 기술)』(永田豊志著/KADOKAWA/2014年)
- 『アイデアのつくり方(아이디어 발상법)』(ジェームス・W・ヤング著/今井茂雄訳/CCCメディアハウス/1988年)

- 『アイデア・バイブル(아이디어 바이블)』(マイケル・マハルコ著/齊藤勇監訳/小澤奈美恵, 塩谷幸子 訳/ダイヤモンド社/2012年) ・『使える弁証法(바로 쓰는 변증법)』(田坂広志著/東洋経済新報社/2005年)

3장

- 『デザイン思考が世界を変える—イノベーションを導く新しい考え方(디자인 사고가 세계를 바꾼다 –혁신을 부르는 새로운 생각)』(ティム・ブラウン著/千葉敏生訳/早川書房/2014年)
- 『21世紀のビジネスにデザイン思考が必要な理由(21세기 비즈니스에 디자인 사고가 필요한 이유)』(佐宗邦威著/クロスメディア・パブリッシング/2015年)
- 『ビジネスモデル·ジェネレーション ビジネスモデル設計書(비즈니스 모델 제네레이션 – 비즈니스 모델설계서)』(アレックス·オスタ-ワルダ-, イヴ·ピニュ-ル著/小山龍介訳/翔泳社/2012年)
- 『コトラ-のマ-ケティング·コンセプト(커틀러의 마케팅 컨셉)』(フィリップ·コトラ-著/恩藏直人監訳/大川修二訳/東洋経済新報社/2004年)
- 『ビジネス意思決定—理論とケースで決断力を鍛える(비즈니스 의사결정 – 이론과 실제로 결단력을 키워라)』(大林厚臣著/ダイヤモンド社/2014年)
- 『ロジカルシンキングのノウハウ・ドゥハウ(로지컬 싱킹의 노하우·두하우)』(HRインスティテュート著/野口吉昭編/PHP研究所/2001年)
- 『ロ-ドマップのノウハウ·ドゥハウ(로드맵의 노하우·두하우)』(HRインスティチュ-ト著/野口吉昭編/PHP研究所/2004年)
- 『コンセプチュアル思考(컨셉추얼 사고)』(好川哲人著/日本経済新聞出版社/2017年)
- 『[新版]ブルー・オーシャン戦略 競争のない世界を創造する(블루 오션 전략 – 경쟁 없는 세계를 창조하다)』(W・チャン・キム, レネ・モボルニュ著/入山章栄監訳/有賀裕子訳/ダイヤモンド社/2015年)
- 『企業戦略論(기업전략론)』(H·アンゾフ著/広田寿亮訳/産業能率大学出版部/1985年)
- 『競争の戦略(경쟁의 전략)』(マイケル·E·ポ-タ-著/土岐坤, 中辻萬治, 服部照夫訳/ダイヤモンド社/1995年)

4장

- 『トヨタ生産方式 - 脱規模の経営をめざして(도요타 생산방식 – 탈규모 경영을 목표로)』(大野耐一著/ダイヤモンド社/1978年)
- 『全面改訂版 はじめてのGTD ストレスフリーの整理術(최초의 GTD 스트레스 프리 정리 기술)』(デビッド・アレン著/田口元監訳/二見書房/2015年)
- 『最強の経験学習(궁극의 경험학습)』(デイヴィッド・コルブ, ケイ・ピーターソン著/中野眞由美訳/辰巳出版/2018年)
- 『Harvard Business Review(ハーバード・ビジネス・レビュー)2010年2月号(하버드 비즈니스 리뷰)』(ダイヤモンド社/2010年)
- 『内観療法入門 日本的自己探求の世界(내관요법 입문 – 일본적 자기탐구의 세계)』(三木善彦著/創元社/2019年)
- 『どんなことがあっても自分をみじめにしないためには - 論理療法のすすめ(무슨 일이 있더라도 자신을 비굴하게 만들지 않는 법 – 논리요법)』(アルバート・エリス著/国分康孝, 石隈利紀, 国分久子訳/川島書店/1996年)

5장

- 『仮説思考(가설 사고)』(内田和成著/東洋経済新報社/2006年)
- 『論点思考(논점 사고)』(内田和成著/東洋経済新報社/2010年)
- 『ザ・ゴール 企業の究極の目的とは何か(더 골 – 기업의 궁극적인 목적은 무엇인가)』(エリヤフ・ゴールドラット著/三本木亮訳/ダイヤモンド社/2001年)
- 『改訂3版 グロービスMBA クリティカル・シンキング 改訂3版(글로비스 MBA – 크리티컬 싱킹)』(グロービス経営大学院著/ダイヤモンド社/2012年)
- 『「それ, 根拠あるの?」と言わせない データ・統計分析ができる本(`근거 있어?`라는 말을 막아주는 데이터 통계 분석)』(柏木吉基著/日本実業出版社/2013年)
- 『発想法 創造性開発のために 改版(발상법 – 창조성 발견을 위해)』(川喜田二郎著/中央公論新社/2017年)
- 『世界はシステムで動く - いま起きていることの本質をつかむ考え方(세계는 시스템으로 움직인다 – 본질을 파악하는 사고 방식)』(ドネラ・H・メドウズ著/枝廣淳子訳/英治出版/2015年)
- 『実践システム・シンキング 論理思考を超える問題解決のスキル(실전 시스템 싱킹 – 논리적 사고를 뛰어넘는 문제 해결의 스킬)』(湊宣明著/講談社/2016年)
- 『学習する組織 - システム思考で未来を創造する(학습하는 조직 – 시스템적 사고로 미래를 만든다)』(ピーター・M・センゲ著/枝廣淳子, 小田理一郎, 中小路佳代子訳/英治出版/2011年)
- 『具体と抽象 - 世界が変わって見える知性のしくみ(구체와 추상 – 세상이 달라 보이는 지성의 구조)』(細谷功著/dZERO/2014年)

이 책의 전반

- 『入社10年分の思考スキルが3時間で学べる(입사 10년차의 사고 기술을 3시간에 배우기)』(斎藤広達著/日経BP社/2016年)
- 『ビジネス思考法使いこなしブック(비즈니스 사고법을 잘 다루는 책)』(吉澤準特著/日本能率協会マネジメントセンター/2012年)
- 『グロービスMBAキーワード 図解 基本ビジネス思考法45(글로비스 MBA 키워드 – 도해 기본 비즈니스 사고법 45)』(グロービス著/ダイヤモンド社/2017年)
- 「MBA用語集(MBA 용어집)」https://mba.globis.ac.jp/about_mba/glossary/detail-11955.html(グロービス経営大学院)